Die Disruption von Data Governance

EIN HANDLUNGSAUFRUF

Laura B. Madsen, M.S.

Übersetzt von
Tiankai Feng

Technics Publications

BASKING RIDGE, NEW JERSEY

2 Lindsley Road, Basking Ridge, NJ 07920 USA

https://www.TechnicsPub.com

Cover-Design von Lorena Molinari

Bearbeitet von Lauren McCafferty

Erste Auflage Erster Druck 2019

ISBN, print ed.	9781634628372
ISBN, Kindle ed.	9781634628389
ISBN, PDF ed.	9781634628563

Library of Congress Control Number: 2019952193

An Karl.

Danksagungen

Von all den Bereichen, in denen ich in der Datenbranche gearbeitet habe, mochte ich Data Governance ehrlich gesagt am wenigsten. Damals im College - genauer gesagt im Jahr 1994 - kam der Zeitpunkt, an dem ich mein Hauptfach wählen musste. Ich war bereits einige Jahre im College gewesen, aber ich habe eine Pause eingelegt, um herauszufinden, ob es mich interessiert, ein Bekleidungsgeschäft zu leiten (Spoiler: Hat es nicht). Ich war genau genommen im ersten Studienjahr und hatte noch keine Entscheidung getroffen. Schließlich sagten sie mir, ich müsse ein Hauptfach wählen, also entschied ich mich dafür, in einem meiner schwersten Kurse mein Hauptfach zu wählen: Psychologie. Ich hatte absolut kein Interesse daran, Therapie zu betreiben oder Psychologe zu werden, aber unter Druck wählte ich Psychologie, weil ich mich daran erinnerte, wie schwer die Abschlussprüfung war. Ich glaube, ich habe eine Neigung dazu, Dinge auszuwählen, die ich herausfordernd finde, und dann versuche ich, sie in winzige Teile zu zerlegen, um sie besser zu verstehen. Diese Neigung führte mich auch dazu, dieses Buch über Datenverwaltung zu schreiben. Ich musste mich einfach einer der schwierigsten, vielschichtigsten und kompliziertesten Funktionen in Datenprogrammen stellen, weil sie zweifellos das

i

ist, was uns daran hindert, großartige Erkenntnisse aus unseren Daten zu gewinnen.

Ich habe vielen Menschen für dieses Buch zu danken, denn es erforderte viel Recherche und Diskussionen. Ich habe Freunde, Freunde von Freunden und völlig Fremde interviewt. Ich habe Bücher und Artikel gelesen und immer wieder gelesen, alles im Namen des Versuchs, einen besseren Weg nach vorne zu finden. Ich bin stolz auf das Ergebnis, aber es wäre nicht viel geworden ohne diese Liste von herausragenden Fachexperten (in alphabetischer Reihenfolge nach Nachnamen), die bereit waren, ihre Zeit und ihr Talent mit mir zu teilen:

- Chris Bergh
- Kevin Burns
- Will Davis
- Donna Fernandez
- Juliet Fox
- Evan Francen
- Claudia Imhoff
- Steve Johnson
- Jason Meszaros
- Tom Moore
- Kiran Mysore
- Dan Olson
- Neil Raden
- Serena Roberts

- Nathan Salmon
- Jada Sheetz
- Margaret Todora
- Joe Warbington

An mein "street team", jene Personen, die frühe Versionen gelesen haben, mir Meinungen gegeben haben und mir bei der Vermarktung dieses Buches geholfen haben:

- Serena Roberts
- Karl Madsen
- Erik van der Velde

Es gab noch unzählige andere beiläufige Gespräche, die ich mit Menschen geführt habe, und einige, die völlig "off the record" waren. Wenn Du dies liest, danke ich Dir, dass Du Dir die Zeit genommen hast und mir Dein Vertrauen geschenkt hast. Schließlich ein posthumer Dank an den unvergleichlichen David Hussman. Wir haben nie über Data Governance gesprochen, aber er hat diese Seiten geprägt, als hätten wir es getan. David hat mir viel über Agilität, Führung und Prioritäten beigebracht.

Nahezu alles im Zusammenhang mit Daten, Datenprogrammen, Analysen oder dem trendigen "KI" sind heiße Themen. Organisationen versuchen verzweifelt, ihre Daten als Unterscheidungsmerkmal zu nutzen, aber nur wenige erreichen tatsächlich dieses Reifegradniveau. Viele der Barrieren, die wir uns in den Weg legen, haben wir selbst geschaffen. Von Unterbesetzung bis hin zu den politischen Fragen, wem die

Programme gehören. Aber am wirkungsvollsten ist die Vorstellung, dass die Daten "falsch" sind oder nicht vertrauenswürdig sein können. Die Daten "so wie sie sind" in unseren Systemen spiegeln wider, was geschieht. Die Daten sind weder richtig noch falsch, sie sind einfach nur Daten. Wenn du offen für die Vorstellung sein kannst, dass sie dir etwas mitteilen - dich auf eine Fehlausrichtung im Prozess oder einen falschen Kontext hinweisen -, dann bist du auf dem Weg zur Analytics-Reife, die Organisationen benötigen, um die Daten erfolgreich zu nutzen. Die eine Sache, die ich auf dieser Reise gelernt habe, ist, dass Datenverwaltung die Kehrseite der Demokratisierung von Daten ist. Du kannst das eine nicht ohne das andere haben.

Inhalte

Vorwort

von Mike Capone, CEO von Qlik

Ich habe schon immer an die Bedeutung von Data Governance geglaubt. Diese Überzeugung wurde schon früh in verschiedenen Funktionen bei ADP gefestigt, wo wir täglich mit hochsensiblen Daten zu Gehaltsabrechnungen, Steuern und personenbezogenen Daten (PII) zu tun hatten. Während meiner Zeit als COO bei Medidata, wo sich unser gesamtes Geschäft um Daten aus klinischen Studien drehte, die sich direkt auf das Leben von Menschen auswirken können, wurde diese Überzeugung noch verstärkt. Man kann nicht in diesen stark regulierten Welten leben, ohne die Bedeutung von Data Governance zu kennen.

Als CEO von Qlik spreche ich jeden Tag mit Kunden über ihre Datenstrategie und ihre Bedürfnisse. Unabhängig von der Branche sind sich die Führungskräfte zunehmend der Bedeutung von Data Governance für die Gesamtleistung Ihres Geschäfts bewusst. Sobald man über das Kernprodukt oder die Dienstleistung hinausgeht, ist es die Kombination aus Daten und der Art und Weise, wie die Mitarbeiter diese Daten nutzen, die über Erfolg oder Misserfolg entscheidet. Und genau darum geht es bei der Diskussion über Data Governance. Wie können

Sie diese grundlegenden und strategischen Elemente des Unternehmens - Daten und Mitarbeiter - so aufeinander abstimmen, dass sie maximale Wirkung erzielen?

Es gibt eine Handvoll konsistenter Makrothemen, die einen frischen, neuen Blick auf Data Governance erforderlich machen.

- Datenerstellung und -verfügbarkeit: Die Nutzer wissen, dass es mehr Daten als je zuvor gibt. Sie wissen, dass das Unternehmen bereits über diese Daten verfügt, und sind frustriert, weil sie ihnen nicht zur Verfügung stehen. Alte Governance-Modelle, die auf rückblickenden monatlichen und vierteljährlichen Berichten für die Geschäftsleitung basieren, passen einfach nicht mehr zu den heutigen Unternehmen.

- Wettbewerb - jeder hat Zugang zu mehr Daten als je zuvor. Es ist von entscheidender Bedeutung, dass diese Daten mehr Mitarbeitern zur Verfügung stehen, damit sie bessere und schnellere Entscheidungen treffen können in Marktgeschwindigkeit. Die Governance muss der sich verändernden Natur der Daten (z. B. soziale Medien) Rechnung tragen und Prozesse umfassen, um diese Daten je nach Anwendungsfall angemessen zugänglich zu machen. Auf diese Weise können die Mitarbeiter einen Mehrwert in Bereichen wie besserem Kundenservice bieten und rechtzeitig auf Angebote der Konkurrenz reagieren, um die Kunden zu binden.

- Dieselben Daten, verschiedene Abteilungen - gut geführte Unternehmen wollen, dass verschiedene Abteilungen die gleiche Sprache mit Daten sprechen. Es ist niemandem damit gedient, wenn Vertrieb, Marketing, Entwicklung und Kundendienst Daten wie Umsatzprognosen oder Kundenabwanderung aus unterschiedlichen Blickwinkeln betrachten. Bei der Governance muss berücksichtigt werden, dass die verschiedenen Rollen ein höheres (aber angemessen kontrolliertes) Maß an Zugriff auf gemeinsame Datensätze benötigen.

- Die Nachfrage von Führungskräften nach datengestützten Entscheidungen - Organisationen sitzen auf einem Haufen ungenutzter Daten, und sie drängen darauf, dass diese Daten demokratisiert werden, um Ergebnisse zu erzielen. Governance-Modelle müssen verstehen, dass alle Daten zu einem bestimmten Zeitpunkt verfügbar gemacht werden sollten, und ihre Rolle/Verantwortung/Datenkompetenz kann dazu beitragen, eine flexible und skalierbare Strategie zu entwickeln, anstatt einen Pauschalansatz für alle.

Laura Madsen ist eine großartige Verfechterin von Daten und in einer einzigartigen Position, um Sie durch diese Herausforderungen zu führen und den Weg nach vorne zu weisen. Als ehemalige Qlik Luminary ist sie eine der besten und klügsten Datenenthusiasten in unserem Umfeld. Wir teilen die Leidenschaft für die Fähigkeit von Daten, in jedem Aspekt unseres Lebens einen positiven Einfluss zu haben. In diesem Buch beschreibt Laura klar und deutlich die Herausforderungen der Data Governance, mit denen wir alle in jeder Branche konfrontiert sind, und wie wir Daten auf intelligentere und skalierbarere Weise zugänglich und verfügbar machen können.

Wie Laura im allerersten Kapitel dieses Buches erwähnt: wie in der Natur werden die Nutzer immer einen Weg finden, in diesem Fall zu den Daten. Diese fundamentale Erkenntnis benötigt von Führungskräften, einen frischen Blick auf Ihre Data-Governance-Modelle zu werfen und offen für neue Ansätze zu sein. Von der Auswahl von Technologien, über Fortbildungsprogramme, bis hin zu der Erwägung von aufkommenden Methologien wie DataOps für die Abstimmung mit IT, Datenadministratoren und unternehmensweiten Datennutzern, jeder Aspekt ist bereit für eine Veränderung im Bezug auf Data Governance. Ich glaube fest daran, dass Ihr Geschäftserfolg von der Datenstrategie abhängt, und eine Datenstrategie ohne einer starken und flexiblen Data-Governance-Komponente distanziert Sie von diesem Erfolg. Sie haben die Daten - jetzt ist es an der Zeit, die passende moderne Data-Governance-Strategie zu haben.

Einleitung

Ich hasse Data Governance wirklich. Ich war als Angestellter dafür verantwortlich und habe auch viele Bemühungen als Berater unterstützt. Ich habe immer mein Bestes gegeben und hatte damals das Gefühl, dass es eine meiner besten Arbeiten war - und doch war es immer eine belastende Erfahrung. Es gab zu viel Arbeit, sie war schlecht definiert und scheinbar zum Scheitern verurteilt.

Betrachten wir einen Fluss als Metapher für Daten und Data Governance; in seinem reinsten Zustand sind Daten wie ein reißender Fluss mit Anlegern, Stromschnellen und Wasserfällen. Tritt man an die falsche Stelle, wird man in eine Flutwelle hineingezogen, die einem den Atem raubt. Governance war ein Versuch, das reißende Wasser zu kontrollieren, also haben wir eine Reihe von Schleusen und Dämmen geschaffen. Ihre Daten Stewards sind da draußen, halten das Ruder in der Hand und versuchen, die Flut zu steuern. Ihr Ziel ist es, Ihnen zu helfen, sicher mit Ihren Daten umzugehen. Aber selbst wenn all das vorhanden ist, kann die Menge der Daten und die hohe Nachfrage nach Daten dazu führen, dass es wie ein aussichtsloses Unterfangen erscheint.

In anderen Worten - Wenn Governance ein Trichter ist, haben wir zwei Wege, um den Fluss zu ändern:

1. Begrenzen der Größe von der Trichterspitze
2. Erweitern der Größe vom Trichterende

In unserer Analogie sind die Daten, die in Ihre Data-Governance-Bemühungen einfließen, das obere Ende des Trichters. Die Begrenzung der Größe am oberen Ende des Trichters gibt den Verantwortlichen für Data Governance das Gefühl, mehr Kontrolle zu haben. Der untere Teil des Trichters repräsentiert die Daten, auf die Ihre Endbenutzer letztendlich Zugriff haben werden; natürlich ist der unterste Teil des Trichters bereits begrenzt. Die derzeitigen Data-Governance-Praktiken schränken die Datenausgabe ein, indem sie verlangen, dass scheinbar alle Daten "geregelt" oder "verwaltet" werden müssen, bevor die Endbenutzer sie verwenden können. Vor einigen Jahren wurde es üblich, die Governance-Praktiken so zu ändern, dass sie sich auf Schlüsselattribute in Ihrem Unternehmen konzentrieren - ich habe diese Änderung in meiner letzten Funktion als BI-Direktor umgesetzt. Wir haben erkannt, dass es nicht machbar ist, von einigen wenigen Personen zu erwarten, dass sie alle Daten im Datenuniversum Ihres Unternehmens vollständig überprüfen und genehmigen. Anstatt also das untere Ende des Trichters zu öffnen, schlossen wir das obere Ende und beschränkten die Verantwortung des Data-Governance-Programms auf die Liste der genehmigten organisatorischen Metriken. Diese Methode macht das Volumen der Daten definitiv angenehmer, aber sie trägt nicht dazu bei, den Zugang der Benutzer zu den Daten zu verbessern, und schafft oft einen Nachholbedarf an Daten.

Ich habe Data Governance schon immer als entscheidend für jede analytische Arbeit definiert. In meinem ersten Buch, "Healthcare Business Intelligence", nannte ich dies den wichtigsten Grundsatz für ein erfolgreiches BI-Programm. Dennoch wusste ich aus Erfahrung und aus tiefstem Herzen, dass das, was wir taten, falsch war. Ich hatte selten gesehen, dass traditionelle Data-Governance-Praktiken durchgängig funktionierten - ein Großteil davon konzentrierte sich auf die Kontrolle von Daten und nicht auf die Nutzung von Daten. Viele Data-Governance-Programme konzentrierten sich zu sehr auf die Vorbeugung und erschwerten so die Bereitstellung von Daten für den Endbenutzer. Infolgedessen wurde das Programm als Fehlschlag eingestuft, oder die Geschäftsanwender fanden Wege, es zu umgehen, was überall zu „shadow BI" führte.

Wenn Sie mit jemandem sprechen, der in irgendeiner Funktion mit Daten zu tun hat, wird er Ihnen sagen, dass Data Governance wirklich wichtig ist. Fragt man jedoch die Geschäftsleute, die die Daten nutzen, sind die Antworten geteilt. Alle sind sich einig, dass Daten verwaltet werden müssen, aber in welchem Umfang, ist sehr unterschiedlich. Governance ist einer der Schlüssel zu einem erfolgreichen Datenmanagement, doch es fehlt an einer gemeinsamen Definition - oder schlimmer noch, die Definitionen sind so weit gefasst, dass sie zum sprichwörtlichen "anderen Eimer" des Datenmanagements werden. Es ist kein Wunder, dass wir nicht vorankommen.

Die Nachfrage nach Daten war noch nie so hoch. Die Besorgnis der Datenleute war noch nie so groß. Also, was ist los? Ich weiß aus eigener Erfahrung, dass selbst gut informierte und wohlmeinende Menschen Daten nehmen und seltsame Dinge mit ihnen anstellen können (Durchschnittswerte summieren? Ein Tortendiagramm für eine komplizierte Analyse verwenden? Korrelation und Kausalität austauschbar verwenden). Aber wie um alles in der Welt sollen dieselben Leute klügere Entscheidungen treffen oder sich überhaupt trauen, nach den Daten und deren Bedeutung zu fragen, wenn wir ihnen die Daten nicht wirklich geben? Wie haben Sie als Kind gelernt? Nicht, indem Sie still dasaßen und darauf warteten, dass eine Welle von Wissen plötzlich und magisch über Sie hereinbricht - das ist hier nicht anders. Die Endnutzer müssen die Möglichkeit haben, sich einzubringen und die Ärmel hochzukrempeln. Im Moment haben wir einen Trichter, der sowohl oben als auch unten klein ist, mit frustrierten Nutzern, die (zu Recht oder zu Unrecht) die Dinge selbst in die Hand nehmen, um ihre Fragen mit Daten zu beantworten, und nicht zu guter letzt auch noch verärgerte Führungssponsoren - und das ist nicht gut!

Krieg und Vertrauen

Viele Datenexperten kennen Kriegsgeschichten über die dummen Dinge, die die Leute mit Daten gemacht haben. Ich selber habe unzählige davon. Die Idee, dass wir die "angemessene Nutzung" regeln können, schien also ein Allheilmittel zu sein, und ich war voll und ganz an Bord, kam aber schließlich zu einer anderen Erkenntnis.

Ich habe erlebt, welche Folgen es hat, wenn Endbenutzer Entscheidungen auf der Grundlage "schlechter Daten" treffen. Meine oberste Direktive war es, sicherzustellen, dass unsere Daten in bester Verfassung sind, und sie erst dann an unsere Benutzer weiterzugeben. Bei einem dieser Fälle haben wir uns beeilt, einige "schlechte Daten" zu korrigieren, aber es war zu spät, das Vertrauen war gebrochen. Ich stand am Steuer des Datenschiffs und fühlte mich verantwortlich, aber im Nachhinein betrachtet, waren die "schlechten Daten" nicht wirklich schuld daran. Ich hatte ein Versprechen gegeben, das unmöglich einzuhalten war, ein Versagen, das vorprogrammiert war.

So etwas wie "saubere Daten" gibt es wirklich nicht. Nicht, wenn es um die Genauigkeit von Petabytes an Daten geht - es ist einfach nicht möglich, deren Sauberkeit zu garantieren. Als wir alle noch ein paar Megabyte in unseren Data Warehouses hatten, konnten wir *vielleicht* ein solches Maß an Vertrauen erwarten, aber diese Zeiten sind endgültig vorbei. Wir sehen uns jetzt mit einem Tsunami von Daten konfrontiert, mehr als ein Mensch oder ein Team von Menschen kontrollieren könnte, aber bevor wir dazu kommen, müssen wir einen Blick darauf werfen, wie wir hierher gekommen sind. Wenn man einen Wandel dieses Ausmaßes in Betracht zieht, ist es von entscheidender Bedeutung, zunächst die Variablen zu verstehen, die uns zu diesem Zeitpunkt gebracht haben, damit wir die Fehler der Vergangenheit nicht wiederholen.

Die Historie von Data Governance

Ich habe diese Szene über den Ursprung der Data Governance im Kopf. Stellen Sie sich einen großen Konferenzraum vor, mit großen Ledersesseln und Fenstern, die eine Metropole einrahmen - wie bei "Mad Men". An einem durchschnittlichen Dienstag trafen sich dort alle CXOs und VPs zu ihrer vierteljährlichen Umsatzbesprechung. Jeder hielt an "seinen" Zahlen fest, aber es waren ganz unterschiedliche Zahlen. Es kam zu Diskussionen; Papiere wurden herumgeworfen, während jede Führungskraft ihre eigenen Argumente vorbrachte. Schließlich rief einer von ihnen aus: "Wir müssen diese Sache regeln!"

Ich habe schon immer gerne ein wenig recherchiert. Ich habe mich auf die Suche nach Büchern, Artikeln, Blogs und

Menschen aus der Vergangenheit gemacht, um zu verstehen, wie wir zu dem gekommen sind, was wir heute mit Data Governance machen. Es gibt eine erschreckend große Menge an Fehlinformationen über Data Governance. Eine kurze Google-Suche zeigt einige der Herausforderungen in Bezug auf die Definition von Data Governance und deren Funktionsweise. Ich habe das Rauschen für Sie herausgefiltert und eine Reihe von Leuten interviewt, denen ich wirklich vertraue, um Ihnen eine kurze und genaue Geschichte der Data Governance zu geben.

Wenn Sie Data Governance googeln, erhalten Sie einige faszinierende Informationen. Zunächst eine Definition von SearchDataManagement.com:

"Data Governance (DG) ist das Gesamtmanagement der Verfügbarkeit, Nutzbarkeit, Integrität und Sicherheit der in einem Unternehmen verwendeten Daten. Ein solides Data-Governance-Programm umfasst ein Leitungsgremium oder einen Rat, eine Reihe definierter Verfahren und einen Plan zur Ausführung dieser Verfahren."

Das war für mich nicht ganz zufriedenstellend, also habe ich weiter gesucht. Wikipedia bietet:

"Data Governance ist ein Datenverwaltungskonzept, das eine Organisation in die Lage versetzt, eine hohe Datenqualität während des gesamten Lebenszyklus der Daten zu gewährleisten.Zu den Hauptschwerpunkten der Data Governance gehören Verfügbarkeit, Nutzbarkeit, Konsistenz, Datenintegrität und Datensicherheit; sie umfasst die Einrichtung von Prozessen zur Gewährleistung eines effektiven Datenmanagements im gesamten Unternehmen, wie z. B.

> die Verantwortlichkeit für die negativen Auswirkungen einer schlechten Datenqualität und die Sicherstellung, dass die Daten, über die ein Unternehmen verfügt, von der gesamten Organisation genutzt werden können."
>
> Mai 2019

Zu Beginn habe ich Claudia Imhoff interviewt. Wenn Sie sich schon einmal mit Daten, insbesondere mit Data Warehousing und Datenmodellierung beschäftigt haben, wird Ihnen dieser Name bekannt vorkommen. Für diejenigen, die damit nicht vertraut sind: Claudia ist buchstäblich eine der Begründerinnen dessen, was wir heute als "Data Warehouse" bezeichnen. Wer sonst könnte uns besser helfen, die Entwicklung der Data Governance zu verstehen?

Meine erste Frage an Claudia war: "Wie hat das alles angefangen?" Die Antwort: mit Stewardship. "Data Stewardship war in erster Linie eine Funktion, um Daten in einen Kontext zu stellen, nach Datenqualitätsproblemen zu suchen und eine Brücke zwischen den Technikern und den Nicht-Technikern zu schlagen." Claudia sagte: "Die Funktion wurde dringend benötigt, da sie aus der Neusystematisierung von Daten entstand, als die Datenmengen selbst in den späten Neunzigern immer größer wurden."

Auch heute noch gibt es in den meisten Data-Governance-Programmen Data Stewards. Diese Rolle soll helfen, das Chaos zu ordnen und in Ordnung zu bringen. Im Allgemeinen handelt es sich bei den Stewards nicht um Vollzeitstellen, und die Anzahl der Personen, die diese Rolle ausfüllen können, ist in der Regel begrenzt. Aber ihre Aufgabe ist groß: Sie stellen sicher, dass alle freigegebenen Daten gut definiert sind und sich innerhalb der angemessenen Grenzen (z. B. Höchst- und Mindestwerte) auf der Grundlage einer allgemein akzeptierten und gut etablierten Definition befinden.

Data Stewards sollten dazu beitragen, das Schwammige zu festigen. Es gab ein intuitives Gefühl, dass es Probleme gab, aber niemand wusste wirklich, was "schlecht" bedeutete. Bedeutete es wirklich schlechte Daten? Waren sie besorgt über schlechte Entscheidungen? Es war alles in der Schwebe. Die Hoffnung war, dass Data Stewards dazu beitragen könnten, Klarheit und Objektivität in die Datenanalyse im gesamten Unternehmen zu bringen. Doch schon damals gab es keine klaren Definitionen dafür, was erfolgreiches Stewardship oder Governance bedeutet. Trotz der Versuche, Data-Governance-Projekte an bestimmte Geschäftsfunktionen zu binden, handelte es sich bei vielen dieser Bemühungen um einmalige Verbesserungen. Immer wieder wurden Governance- und Stewardship-Projekte gestartet und dann wieder eingestellt, da sie nicht in der Lage waren, ihren Wert für das Unternehmen unter Beweis zu stellen.

Wert und Return-On-Investment (ROI) waren in der Welt der Daten schon immer eine Herausforderung. Auch wenn es den sprichwörtlichen Topf voll Gold unter dem Datenregenbogen gibt, ist er oft nur eine Illusion. Da die Datenarbeit sehr techniklastig sein kann und der "technische" Teil der Arbeit leichter greifbar ist, neigen wir dazu, vorschnell Geld in Software zu investieren. Aber wenn wir diese Investition nicht eng mit echten, langfristigen Vorteilen in Verbindung mit unseren Daten verknüpfen, verlieren wir den positiven Teil dieser Berechnung. Und es geht nicht nur darum, die Governance mit einem Projekt zu verbinden, das einen identifizierten und greifbaren Nutzen hat; es geht darum, sie mit einem besseren Verständnis, einer besseren oder schnelleren Entscheidungsfindung zu verbinden. Sie können Ihre Technologieinvestitionen an die Nutzung koppeln und das kann helfen, aber wie die Vergangenheit immer wieder gezeigt hat, verpufft dies, weil es ein kurzfristiger Wert ist.

Größere Softwareprojekte wie Metadatenmanagement und Stammdatenverwaltung (im englischen „Master Data Management" - MDM) runden den "techniklastigen" Aspekt der Data Governance ab. Praktisch keines dieser Projekte bietet einen Mehrwert für die Endbenutzer. Datenexperten (mich eingeschlossen) werden Ihnen sagen, dass Metadaten, MDM sowie Richtlinien und Verfahren für eine gut durchdachte Data Governance entscheidend sind. Leider sind die Menschen, die Sie unterstützen sollen, die Menschen, die die Daten nutzen müssen, nicht in der Lage, sich für ein Dokument mit Richtlinien und Verfahren zu interessieren. Wenn Sie das, was Sie gerade tun, nicht mit einem greifbaren Geschäftswert verbinden können, ist es an der Zeit, einen Schritt zurückzutreten und sich zu fragen, warum Sie das tun.

Die meisten Bemühungen um Data Governance konzentrieren sich immer noch auf die Kontrolle. Sie versuchen buchstäblich sicherzustellen, dass alle Daten definiert, korrekt und von "hoher Qualität" sind. Viele Programme versuchen sicherzustellen, dass der durchschnittliche Geschäftsanwender jeden Aspekt der Daten vollständig verstehen kann und sie nicht versehentlich falsch interpretiert oder falsche Entscheidungen trifft. Natürlich ist keines des beiden ist möglich.

Die Vorstellung, dass alle Daten "richtig" sein können, ist aus vielen Gründen nicht realistisch. Die Daten sind zu "unsauber". In jeder Organisation gibt es nicht genug Leute, um sie zu "bereinigen". Die durchschnittlichen Endbenutzer sehen nicht genug Daten, um zu wissen, welche Fragen sie stellen müssen. Die meisten Datenabteilungen haben weder den geschäftlichen Kontext noch die Zeit oder die Werkzeuge, um das Kernproblem anzugehen. Das Kernproblem sind die so genannten "schlechten Daten", die nur ein Symptom für eine defekte oder falsch ausgerichtete Methode oder einen Prozess sind, der die Daten erzeugt hat. Unsere fehlerhaften Data-Governance-Prozesse sind nicht dafür optimiert, das Unternehmen dabei zu unterstützen, die Prozesse zu verbessern, die die "schlechten Daten" erzeugen, die Datenqualität zu verbessern oder die Daten effektiver zu nutzen.

Ich will damit nicht sagen, dass wir aufhören sollten, das Richtige zu tun, wenn es um Data Governance oder Datenqualität geht. Was ich damit sagen will, ist, dass wir aufhören müssen, uns selbst mit unerreichbaren Zielen zu selbst ins Bein zu schießen; wir müssen die Möglichkeit von Fehlern einkalkulieren. Wir müssen uns überlegen, wo wir unsere begrenzten Ressourcen am besten einsetzen, um sicherzustellen, dass wir jeden möglichen Wert aus unseren Daten herausholen können. Es ist an der Zeit, einige lang gehegte Überzeugungen über Data Governance, -qualität und -nutzung zu hinterfragen.

Organisatorischer Einfluss von Governance

Seit es Data-Governance-Praktiken gibt, haben wir Sponsoren aus der Führungsebene. Im Laufe der Jahre hatte ich das Glück, mit vielen Führungskräften auf diese Weise zusammenzuarbeiten, und eines haben sie alle gemeinsam: Sie sind Führungskräfte. Abgesehen davon ist es ein Glücksspiel. Einige sind so detailorientiert, dass sie das Tagesgeschäft nicht loslassen können. Andere sind so hochrangig, dass man sich fragt, welche Farbe der Himmel in ihrer Welt hat. Ich hatte schon großartige Sponsoren, aber ehrlich gesagt auch schon mehr als genug schlechte. Schon viel zu lange ist die Rolle eines Executive Sponsors für Governance oder wirklich jede datenbezogene Funktion nicht klar definiert. Dennoch verlassen wir uns auf ihre Unterstützung, wenn sich diese wichtigen Türen schließen.

Unabhängig davon, ob Ihre Führungskraft in der Vergangenheit eine Data Governance-Funktion unterstützt hat oder nicht, ist es an der Zeit, die Rolle und die Erwartungen des Executive Sponsors klar zu definieren. Daten sind für jedes Unternehmen zu wichtig, als dass Ihr Sponsor blind in der Vorstandsetage mitfliegen sollte (das mag niemand). Wenn der Sponsor die Governance-Funktion tatsächlich unterstützen soll, muss sich als Erstes der Grad seiner Beteiligung ändern. Es gibt nur wenige Führungskräfte, die Data Governance verstehen. Die meisten wissen, dass Governance erforderlich ist, um aus den Daten Erkenntnisse zu gewinnen. Aber diese "neue" Data Governance, die wir hier vorschlagen, erfordert ein wenig Rückgrat, eine Menge Geduld und ein gründliches Verständnis der Gründe.

Es ist leicht, der vielbeschäftigten Leitung die Schuld für ihr Versagen bei der Unterstützung der Führungskräfte zu geben. Die Wahrheit ist jedoch, dass wir es versäumt haben, den Wert und die Herausforderungen im Zusammenhang mit Data Governance klar und konsequent in einer Weise zu kommunizieren, die die Führungskraft verstehen kann. Kommunikation ist eine zweiseitige Angelegenheit; Ihre Führungskraft muss bereit sein, sich ein wenig Mühe zu geben, aber Sie müssen auch an Ihr Publikum denken, wenn Sie die Herausforderungen und Chancen präsentieren.

Disruption der Data Governance

Data Governance ist kaputt. Es gibt keine Möglichkeit, schrittweise Änderungen vorzunehmen, um das Problem zu beheben. Der Kern des Problems, nicht nur bei der Governance, sondern auch im gesamten Bereich von Analytics, ist die dringende Notwendigkeit, einen klaren Wert zu schaffen. Führungskräfte haben sich (widerwillig?) mit der Tatsache abgefunden, dass Daten einen wichtigen Wert für ihr Unternehmen darstellen, aber viele von ihnen haben sich mit den aktuellen Methoden und Prozessen, die mit einer guten Data Governance verbunden sind, so verbrannt, dass sie zu Recht ängstlich sind. Die Datenverantwortlichen in den meisten Unternehmen haben ihr Bestes gegeben, oft unter intensiver Prüfung, um Datenbestände (Warehouses) und Prozesse aufzubauen, mit denen Daten für die breite Masse zugänglich gemacht werden. Aber dieselben Datenexperten sehen sich oft mit frustrierten Endbenutzern, übermäßig kritischen Interessengruppen und in vielen Fällen mit Kollegen konfrontiert, die völlig überfordert sind oder einfach nicht die Zeit oder das Interesse haben, sich mit Daten vertraut zu machen.

Lange Zeit haben Datenexperten das Mantra benutzt (und viele tun es immer noch), dass "die Geschäftsanwender es einfach nicht verstehen". Ich weiß, dass ich es oft benutzt habe, auch in letzter Zeit. Datenexperten sind der Meinung, dass es ihre

Aufgabe ist, die Endbenutzer vor dem Chaos zu schützen, aber wenn sie das Chaos sehen, können unsere Geschäftspartner die Herausforderung besser verstehen und nachempfinden, warum die Arbeit so lange dauert und warum sie so wichtig ist. Wenn wir unsere Geschäftspartner vor dieser Realität schützen, haben wir unser eigenes kleines Schlamassel angerichtet, das sich danach rächen kann. Datenexperten überzeugen ihre Geschäftspartner oft ungewollt davon, dass sie unsere Probleme nicht verstehen können, obwohl wir wissen, dass wir sie dazu brauchen.

Infolgedessen entwickeln Datenteams Datenkompetenz-programme, um den durchschnittlichen Geschäftsanwendern zu helfen, die Daten besser zu verstehen. Eine Führungskraft sah mich buchstäblich an und sagte: "Ist es nicht Ihre Aufgabe, die Daten zu verstehen und Erkenntnisse zu liefern?" Er meinte damit, dass er keine "Datenleute" oder "Analysten" einstellt, warum sollte er sich also erwarten, dass diese die Daten so verstehen und nutzen, wie es mein Team könnte?

Wir stehen vor einem Abgrund, den wir selbst geschaffen haben und der, wenn wir nicht aufpassen, die Datenindustrie, wie wir sie kennen, zerstören wird. Wir sehen bereits Anzeichen dafür. Viele von uns sehen zu, wie unsere harte Arbeit zunichte gemacht wird, weil eine Geschäftseinheit eine neue Software gekauft hat, die dem Team die gewünschten Erkenntnisse liefert. Es wird gefeiert, und dann, in der sprichwörtlich peinlichen

Besprechung, dreht sich jeder zu Ihnen um mit einem Blick, der sagt: "Siehst du, es ist gar nicht so schwer". Das passiert ständig, denn jedes Produkt, das es gibt, hat inzwischen ein Dashboard-Tool integriert. Die Integration der Daten wird immer unwichtiger, denn die Daten, die sie sehen, sind gut genug für ihre Zwecke.

Die "alte" Art der Data Governance ist der Hauptgrund für diese mangelnde Nutzung. Unser befehls- und kontrollorientierter Ansatz für Data Governance hat unsere Benutzer absichtlich davon abgeschirmt, wie viel Arbeit es kostet, einen "sauberen" Datensatz zu erhalten. Anstatt den vorgelagerten Prozess zu verbessern, werden die Datenteams oft in die Lage versetzt, die Daten nachgelagert zu reparieren. Eine Position, von der Ihnen jeder Datenqualitätsbeauftragte sagen wird, dass sie unhaltbar ist. Wir haben zu viele Daten, zu viele Anforderungen und bei weitem nicht genug Ressourcen.

Wir befinden uns in einer Zeit, in der täglich Petabytes an Daten erzeugt werden, in der jeder problemlos ein Softwaretool mit eigener Datenbank erwerben kann und in der Antworten in Nanosekunden verlangt werden. Die engstirnige Idee, alle Menschen so lange zu verlangsamen, bis wir Daten definieren und ihre Verwendung kontrollieren können, ist verrückt.

Zwischen Ergebnis and Mehrwert

Die Ergebnisse der alten Data Governance-Methoden waren lange Listen von Aktivitäten, die zu nichts führten, und der Mehrwert wurde oft nicht beachtet. Die guten Absichten, mehr nutzbare Daten, sichere Daten oder gut definierte Daten zu schaffen, gingen im Durcheinander der Aktivitäten unter, die nicht eindeutig mit der Art und Weise übereinstimmten, wie der durchschnittliche Benutzer über Daten denkt oder sie nutzen möchte.

Die Neuausrichtung von Data Governance auf das Konzept der Datennutzung ist eine kleine, aber äußerst wichtige semantische Änderung. Die Absicht der Governance war immer die "angemessene Nutzung", aber die Welt hat sich verändert, und unsere Prozesse jedoch nicht.

Nachdem ich für dieses Buch viel recherchiert und mit einer langen Liste von Experten gesprochen hatte, kam ein Thema immer wieder auf: Vertrauen. Ich hörte es in fast jedem Gespräch, das ich führte. Ich schrieb es auf mein Whiteboard, wischte es weg und ging zu einem anderen Thema über. Ich glaube, ich habe das mindestens zehnmal gemacht, bevor ich es nicht mehr ignorieren konnte: Bei Data Governance geht es um Vertrauen. Ich glaube nicht, dass das eine Überraschung ist, aber es bedeutet, dass wir mit einer Liste von Ergebnissen für Data

Governance marschiert sind, die fast nichts mit dem einzigen Mehrwert zu tun haben, auf das es ankommt - dem Vertrauen.

Ich plädiere für das, was ich "radikale Demokratisierung der Daten" nenne. Es ist an der Zeit, die Daten in die Öffentlichkeit zu bringen. Um dies zu erreichen, müssen Data Governance-Teams ihre Arbeit neu überdenken und die Organisation dabei unterstützen, sich auf das Konzept einzustellen, dass es keine 100 % genauen Daten gibt. Die radikale Demokratisierung des Zugangs zu Daten bedeutet, dass wir uns gegenseitig vertrauen müssen. Die Datenexperten müssen erkennen, dass der durchschnittliche Endbenutzer nur versucht, seine Arbeit zu erledigen. Und der durchschnittliche Endnutzer muss anerkennen, dass das Datenteam nicht jede Nuance der Daten oder des Geschäfts berücksichtigen kann, vor allem, wenn der Kontext fehlt.

Aber WARUM?

In Simon Sineks bahnbrechendem Buch "Start with Why" beklagt er, dass die meisten Menschen davon ausgehen, dass sie es wissen, aber vielleicht wissen sie es wirklich nicht, oder wenn sie es wissen, gehen sie zumindest davon aus, dass andere es auch wissen. Ich denke, genau das ist bei der Data Governance passiert. Wir sind davon ausgegangen, dass jeder weiß, warum, und haben uns dabei verirrt. Infolgedessen konnte sich Data Governance nie wirklich durchsetzen, weil wir es als ein „Was" und nicht als ein „Warum" definiert haben.

Warum machen wir Data Governance? Welchen Wert hat Data Governance für das Unternehmen? Wenn wir nicht zweifelsfrei nachweisen können, dass das, was wir tun, einen Mehrwert darstellt, sollten wir es sein lassen. Es gibt zu viel andere Sachen zu tun, um die Arbeit an Dingen zu rechtfertigen, die keinen Wert für das Unternehmen haben.

Ich unterteile das "Warum" der Data Governance in vier Funktionen:

Funktion	% Wichtigkeit	Mehrwert
Steigende Nutzung von Assets	50%	Informationen zur Nutzung
Qualität (Kontext)	25%	Vertrauen/Transparenz
Lineage/Datenkatalog	15%	Sichtbarkeit
Schutz	10%	Risikovermeidung

Nach unserer neuen Werteverteilung wird dem Schutz der Daten nur zehn Prozent der Bedeutung beigemessen. Warum? Weil der Schutz Teil der umfassenderen Bemühungen um Governance ist, die eher bei Ihrem Sicherheitsteam angesiedelt ist. Es handelt sich um eine Aufgabe, die Fähigkeiten erfordert, die weit über die eines typischen Data Stewards hinausgehen. Leider hat es auch wenig Gewicht, wenn jemand Daten einsehen möchte. Es ist wie mit einer Versicherung: Man merkt erst, wie viel man wirklich braucht, wenn etwas Schlimmes passiert ist. Wir können den Schutz nicht völlig vernachlässigen, aber er sollte nicht die Hauptrolle spielen. Die wichtigere Funktion ist zweifelsohne die Notwendigkeit, die Nutzung der Datenbestände zu erhöhen.

Neben der Notwendigkeit, mehr Menschen an die Daten heranzuführen, und der Neuausrichtung des Schutzes auf das InfoSec-Team, kann auch die Korrektheit nicht das Ziel sein. Der Gedanke, dass die Daten "korrekt" sind, war etwas, um das sich die meisten traditionellen Data Governance-Bemühungen drehten. Wenn Sie sich zu sehr auf die Korrektheit konzentrieren, verlieren Sie den Raum für Nuancen in den Daten. Sie können eine Verzerrung einführen, die wie ein Muster aussieht. Genauso wie die Vorstellung, dass ein Krankenpfleger und ein Finanzmanager einen Patienten unterschiedlich definieren, kann eine einzige Art der Definition und Kontrolle Ihrer Daten sehr wohl Erkenntnisse verhindern, anstatt sie zu unterstützen. Hier ist ein gutes Beispiel. Nehmen wir an, ein Steward beschließt, dass in allen Berichten nur die Patientenzahlen an "Werktagen" angezeigt werden sollen, und die Definition eines Werktags ist Montag bis Freitag. Ohne dass Sie oder der Steward es wissen, öffnet eine Klinik samstags für die Notfallversorgung. Die Berichte werden nicht geändert, und so werden Entscheidungen anhand von Daten getroffen, die nicht angezeigt werden. Technisch gesehen sind die Daten nach unseren eigenen Definitionen "korrekt". Das Ziel der Korrektheit impliziert ein Gefühl der Allwissenheit, das in einer modernen, sich schnell verändernden Organisation nicht skalierbar ist.

Sich zu irren ist nicht unser Problem, sondern die Erwartung, richtig zu liegen. Die Wahrheit ist, dass Korrektheit, besonders in der Datenwelt, eine Übung in Vergeblichkeit ist. Wenn wir in erster Linie versuchen, korrekt zu sein, bedeutet das, dass wir die Konsistenz der Antwort über die Genauigkeit der Antwort stellen. Das kann dazu führen, dass wir das Bedürfnis haben, Daten zu verbergen, Daten zu ändern oder Daten, die nicht in unsere Vorstellung von Korrektheit passen, schlichtweg zu ignorieren. Ich habe gesehen, wie sich jedes dieser Szenarien in Organisationen abgespielt hat, die wirklich ihr Bestes gegeben haben. Es ist ein schlüpfriger Weg, der zu ständiger Voreingenommenheit führt, nicht zu Genauigkeit. Wir ignorieren regelrecht die Erkenntnisse in dem Bestreben, richtig zu liegen. Die Tatsache, dass die Daten nicht von Anfang an korrekt eingegeben wurden, ist an und für sich schon eine Erkenntnis. Stattdessen schieben wir es auf ein Schulungsproblem oder einen schwierigen Mitarbeiter und machen weiter. Wir haben Recht, oder doch nicht?

Wenn Befehl und Kontrolle nicht das Ziel sein können und Korrektheit nicht das Ziel sein kann, was zum Teufel ist dann das Ziel, fragen Sie sich? Im wahrsten Sinne des Wortes... es zu vermasseln, "schnell zu versagen" oder wie auch immer Sie es nennen wollen. Es ist an der Zeit, Ihre Erfolgsmetriken auf die Nutzung auszurichten und nicht auf die Anzahl der veröffentlichten Metriken (oder Berichte, die verwendet werden). Erfolg sollte darin bestehen, dass die Endnutzer Fragen zu den Daten stellen, Erfolg sollte darin bestehen, dass sich Ihre Nutzerbasis verzehnfacht. Vergessen Sie die Kontrolle - schulen Sie Ihre Stewards darin, wie sie auf Fragen und Herausforderungen reagieren und was zu tun ist, wenn es zu Fehlern kommt. Stellen Sie das Konzept des Stewardship um, indem Sie nicht mehr "Fehler" verhindern, sondern auf Fragen der Benutzer reagieren. Ihre Stewards sind wie Ersthelfer für Daten, vor Ort und bereit zu helfen.

Wie dieses Buch helfen wird

Wenn Sie bis hierher gelesen haben, sind Sie wahrscheinlich der gleichen Meinung oder zumindest hat das, was ich gesagt habe, bei Ihnen Anklang gefunden. In den folgenden Kapiteln werden wir den Wandel in der Data Governance auf vier bekannte Säulen herunterbrechen: Menschen, Prozesse, Technologie und Kultur. In jedem dieser Kapitel werden wir die erforderlichen

Änderungen darlegen. Im Kapitel "Menschen" werden wir die Stellenbeschreibungen der Data Governance-Rollen überarbeiten, so dass sie sowohl einer bestimmten Funktion (z. B. Finanzen) zugewiesen werden können als auch eine "allgemeine" Funktion behalten. Im Kapitel "Prozess" werden wir sehen, wie Data Governance an agile Methoden und DataOps-Verfahren angepasst werden kann, um nicht nur die sensiblen Daten zu schützen, sondern auch die Nutzung zu fördern. Im Kapitel "Technologie" erfahren wir, wie Technologielösungen ein Mittel zum Zweck sein müssen. Im fünften Kapitel, "Kultur", werden wir sehen, wie entscheidend das Konzept der Governance wird, wenn wir die Auswirkungen des Wandels überdenken. In einem Kapitel über Datenqualität werden wir einige Details erfahren, die für die Umsetzung von Data Governance in einem modernen Data Warehouse entscheidend sind. Zum Schluss werden wir alles zusammenfassen und die Vorteile der Umstellung sehen. Dieses letzte Kapitel ist ein Rahmenwerk für die Operationalisierung des Wandels in Ihrem Unternehmen, voller Checklisten und Rückstände für den Einstieg in eine radikale Demokratisierung der Daten Ihres Unternehmens.

Nichts ist perfekt, und je mehr wir versuchen, es perfekt zu machen, desto schneller verlieren wir an Boden. Nehmen wir die Schwachstellen in Kauf, denn nur so können wir den Zustand unserer Daten verbessern.

Bevor wir anfangen

Bei der Vorbereitung dieses Buches habe ich viele Menschen interviewt (die Liste der Interviewpartner finden Sie in den Danksagungen). Einige werden direkt zitiert, während andere einen tieferen Beitrag zum Inhalt leisteten, ohne dass sie speziell zitiert werden. Ich habe so viel von diesen Menschen gelernt und werde ihnen ewig dankbar sein. Eine bestimmte Diskussion veranlasste mich zu einer kleinen Zeichnung auf meinem Whiteboard; ich denke, sie ist wichtig genug, um sie zu erwähnen, bevor wir zu weit gehen. Joe Warbington war der Direktor für Healthcare Analytics bei einem großen Unternehmen für Datenvisualisierung. Ich kenne Joe Warbington schon seit einigen Jahren, und er ist ein hervorragender Autor von Inhalten sowohl für die Datenvisualisierung als auch für die Gesundheitsbranche. Er hat schon viele Unternehmen gesehen und weiß, was funktioniert und was nicht. Während er sprach, wies er darauf hin, wie ungeduldig manche Unternehmen seien, und dass die relative Reife der Organisation in der Datenbranche ein Indikator dafür sei, wie viel Zeit Data Governance-Bemühungen wirklich in Anspruch nehmen.

Mir ging ein Licht auf, als ich die Achse für ein Liniendiagramm zeichnete. Ich beschriftete die Y-Achse mit "Zeit" und die X-Achse mit "Reifegrad":

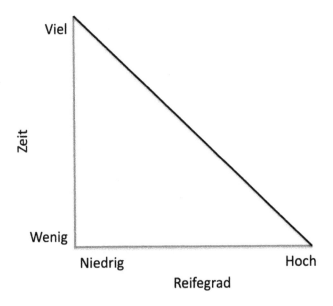

Nehmen Sie sich eine Minute Zeit, um den Reifegrad Ihrer Organisation anhand von Daten zu ermitteln. Es gibt natürlich formale Methoden, um dies zu messen, und wir werden sie später besprechen. Während Sie jetzt lesen, machen Sie einfach einen kurzen Bauchgefühl-check: Wie reif ist Ihr Unternehmen im Umgang mit Daten? Wenn Sie das Gefühl haben, dass Sie sich am unteren Ende der Reifeachse befinden, sollten Sie wissen, dass es länger dauern wird, bis Sie Fuß gefasst haben. Der Teil, über den niemand sprechen will, ist der Wert der Erfahrungen, die Sie beim Aufbau von Data Governance machen: Der Aufwand und die Konzentration, die nötig sind, um eine höhere Datenreife zu erreichen, sind ein Vorteil an sich. Man lernt, wächst, stellt anders ein und spricht anders darüber, was Daten für das Unternehmen bedeuten. Lassen Sie die Arbeit nicht aus, denn in der Arbeit liegt der Wert und die Bildung. Selbst wenn Sie also denken, dass Sie "unreif" sind, sollten Sie dies akzeptieren und daran arbeiten, sich zu verbessern. Denken Sie nur daran, dass dies einige Zeit in Anspruch nehmen wird. Sind Sie bereit? Los geht's!

KAPITEL 1

Menschen

Möchten Sie etwas lernen, das so radikal und neu ist, dass es Ihre Denkweise für immer verändern wird? Der einzige Grund, warum wir Data Governance betreiben, ist, dass die Menschen die Daten tatsächlich nutzen können. Dieses Kapitel soll ein Weckruf für alle sein, die eine Data Governance-Funktion auf "altmodische" Art und Weise unterstützen oder betreiben. Es geht nicht um die Technologie, sondern um die Menschen. Ich spreche von den Menschen, die mit den Daten arbeiten, den Menschen, die die Daten schützen, und den Menschen, die die Daten nutzen.

In all den Jahren, in denen ich mit Data Governance zu tun hatte, habe ich noch nie ein angemessen besetztes Team gesehen. Ich habe viele gut besetzte Datenqualitätsbemühungen gesehen, aber selbst diese waren oft projektbasiert und zu eng gefasst, um eine wirkliche Wirkung zu erzielen. Wir müssen aufhören, Data Governance mit Technologie, spezifischen Projekten oder dem Streben nach perfekten Daten in Verbindung zu bringen.

Es stimmt, dass nicht alle Menschen gleich sind, wenn es um Datenkompetenz geht. Jeder ist da draußen auf der Suche nach einem Einhorn oder einem Nashorn (anscheinend eine etwas vernünftigere Alternative zum Einhorn?) Man muss nicht das Universum durchqueren oder auf Safari gehen, um diese Fabelwesen zu finden. Was Sie brauchen, sind kluge, engagierte Leute und einen offenen Ansatz, der den Zugang zu Ihren Daten demokratisiert. Denn wenn die Nutzung Ihrer Daten nicht Ihr primäres Ziel ist, was zum Teufel machen Sie dann eigentlich?

Diese neue Entwicklung der Data Governance erfordert zwar Personal, aber nicht in dem Ausmaß, wie es bei der alten Data Governance erforderlich gewesen wäre, wenn man die entsprechenden Ressourcen zur Verfügung gestellt hätte; sie erfordert intelligente und anpassungsfähige Ressourcen. In diesem Kapitel werden wir uns mit den erforderlichen Rollen, der empfohlenen Anzahl von Mitarbeitern für jede dieser Rollen und der Stelle, an die diese Mitarbeiter im Unternehmen berichten sollten, befassen.

Reden wir über Stewardship

Data Stewards waren in den letzten Jahrzehnten das Herzstück der meisten Data Governance-Bemühungen. Sie sind die Leute, die die Daten und die Quellsysteme gut kennen. Sie sprechen die Sprache der IT (da sie in der Lage sein müssen, Datenmodelle zu lesen) und übersetzen diese in das Unternehmen zurück. Die Rolle erfordert die Geduld einer Kindergärtnerin und die Fähigkeit, erfolgreich eine Verhandlungsführung zu übernehmen. Gute Data Stewards sind keine Fabelwesen, aber sie sind äußerst rar, und deshalb funktioniert es auch nicht, sich so sehr auf sie zu verlassen.

Laut Merriam Webster ist "Stewardship" definiert als "sorgfältige und verantwortungsvolle Verwaltung von etwas". Anstelle eines Data Stewards gefällt mir die Idee eines Daten-Sherpas, einer Person, die Sie durch die Komplikationen führt, die bei der Verwaltung von Daten auftreten. Das Ziel dieser Person sollte es sein, die klugen Leute um sie herum zu nutzen, die die Daten kennen und wissen, wie die Leute sie nutzen wollen. Am wichtigsten ist, dass der Sherpa völlig offen dafür ist, dass Menschen bei der Nutzung von Daten auch Fehler machen können, und dass das einfach zum Prozess dazugehört.

Als ich andere zu dieser Idee befragte, dass wir den Nutzern erlauben müssen, Fehler zu machen, herrschte große Nervosität. Wenn man sie darauf ansprach, schien die Nervosität aus einer tiefen Besorgnis über Vorschriften, Datenschutz, Einhaltung von Vorschriften und Risikovermeidung zu kommen. Auf diese Weise werden viele Data Governance-Bemühungen in Unternehmen unterstützt, und zwar durch ein Konstrukt der

Risikokontrolle - wir müssen die Daten verwalten, damit wir unser Risiko kontrollieren können. Der Schwerpunkt traditioneller Data Governance-Initiativen lag schon immer auf dem Konzept der Kontrolle und des Schutzes.

Wie genau kann man die Nutzung eines Vermögenswerts kontrollieren und gleichzeitig umfassende Erkenntnisse gewinnen? Nun, ich denke, die Wahrheit ist, dass man das nicht kann. Unternehmen, die bei der Governance eine sehr traditionelle Befehls- und Kontrollhaltung eingenommen haben, tun sich schwer damit, ihre Daten sinnvoll zu nutzen, während Unternehmen, die einen liberaleren Ansatz verfolgen, schneller zu Erkenntnissen gelangen, als sie sie anwenden können.

Jeder scheint zu wissen, dass er Data Governance betreiben muss, aber es ist der sprichwörtliche "andere" Topf für Datenmanagement geworden. Wenn es ein Problem mit den Daten gibt, ist es ein Governance-Problem. Wenn jemand die Daten nicht versteht, ist es ein Governance-Problem. Wenn es nicht genug oder zu viele Daten gibt, ist es ein Governance-Problem. Wir übertragen die enorme Verantwortung und den Druck der Zugriffsverwaltung, der Sicherheitskontrollen, der umfangreichen Arbeiten wie Datenklassifizierungsmatrizen und der Dokumentation von Richtlinien und Verfahren auf Data Governance. Selbst wenn wir in diesen Bereichen erfolgreich sind, haben wir den Menschen, die die Daten tatsächlich nutzen, wenig bis gar keinen Nutzen gebracht. In der Unzahl von Data

Governance-Verantwortlichkeiten geht das Einzige verloren, was Sie retten kann - die Menschen, die die Daten nutzen. Ich erkenne voll und ganz an, dass wir die Daten schützen müssen, aber ich bin der Meinung, dass die Verantwortlichkeit für diese Bemühungen direkt bei Ihrer Abteilung für Informationssicherheit (InfoSec) liegen sollte. Data Governance sollte für die Förderung des Datenbestands verantwortlich sein, während sie sich nur am Schutz des Bestands beteiligt.

Die Botschafterfunktion ist für Data Governance sehr sinnvoll. Die Funktion eines Botschafters besteht darin, den höchsten Rang seines Landes zu repräsentieren, während er die Interessen seiner Führung zu schützen und zu fördern versucht. Die Funktion der Governance sollte darin bestehen, ein Gleichgewicht zwischen dem Schutz von Daten und der Förderung von Daten herzustellen und gleichzeitig die Interessen der Führung zu vertreten. Wenn niemand Ihre Daten nutzt, haben Sie sie wohl erfolgreich geschützt, aber ich bin mir ziemlich sicher, dass Ihre Geschäftspartner, die diese Bemühungen finanziell unterstützen, Ihnen kein Loblied singen würden.

Die Gratwanderung der Governance

Das Gleichgewicht zwischen den gegensätzlichen Kräften des Schutzes und der Förderung wird einige Anstrengungen erfordern; beide müssen gut definiert und verwaltet werden, damit die jeweiligen Ziele nicht aus den Augen verloren werden. Eine kontinuierliche Unterstützung von Data Governance setzt voraus, dass ein ausreichender Nutzen nachgewiesen werden kann, um einen Return on Investment (ROI) zu erzielen. Das Gleichgewicht zwischen Förderung und Schutz ist entscheidend für eine langfristige Unterstützung. Ohne dieses Yin und Yang werden Sie immer Schwierigkeiten haben, die Vorteile zu erkennen oder einen ROI zu rechtfertigen, und das ist der traurige Zustand, in dem sich viele Unternehmen derzeit mit Data Governance befinden. Was Sie schützen wollen, müssen Sie mit Ihrem Informationssicherheitsteam aushandeln. Diese Gruppen sind je nach Unternehmen und Branche unterschiedlich groß. Die größte Veränderung, die Sie vornehmen müssen, wenn Sie heute mit traditioneller Data Governance arbeiten, ist folgende: Sie müssen der Fachexperte für Ihre InfoSec-Gruppe werden.

Ich verwende gerne "RACI"-Modelle, wenn ich mit großen Teams zu tun habe, in denen sich viele Teile bewegen. Damit wird jeder Rolle klar zugeordnet, welche Funktion sie hat, ohne dass man sich in Stellenbeschreibungen vertiefen muss. So sehe ich das RACI-Modell für moderne Data Governance bei InfoSec-Teams:

Funktion	Governance	InfoSec	Datenanalysten
Richtlinien und Verfahren	C, I	R, A	C, I
Zugriffsverwaltung	C, I	R, A	I
Datenklassifizierung	R	A	C, I

R = Responsible / Verantwortlich, A = Accountable / Prüfend, C = Consulted / Beratend, I = Informed / Informiert

Habe ich Sie gerade umgehauen? Wenn Sie sich schon lange genug mit Data Governance befassen, haben Sie die Veränderungen, die ich in der obigen Tabelle vorschlage, wahrscheinlich dazu veranlasst, die Seite zu markieren und das Buch für eine Minute wegzulegen. Ich verspreche Ihnen, dass ich nicht völlig den Verstand verloren habe, deshalb bitte ich Sie, mir zu vertrauen und mir zu erlauben, das Ganze näher zu erläutern.

Der Schutz von Daten im modernen Zeitalter hat die Fähigkeiten der meisten Data Governance-Bemühungen bei weitem übertrumpft; wir haben keine InfoSec-Fachleute für diese Teams eingestellt, und das sollten wir auch nicht. Aber Programme wie GDPR, die jüngste Gesetzgebung in Kalifornien und in geringerem Maße auch HIPAA und SOX haben so viele Anforderungen an den gesetzlichen Schutz der Daten gestellt, dass dafür spezielle Fähigkeiten erforderlich sind. Wenn Sie Ihre Data Governance-Rollen dazu zwingen, für die Umsetzung dieser umfangreichen Sicherheitsmaßnahmen verantwortlich zu sein, können sie auf keinen Fall auch die Nutzung der Daten unterstützen - sie sind dann zu sehr mit der Kontrolle der Daten beschäftigt. Noch wichtiger ist, dass Schutz und Förderung zwei verschiedene Dinge sind. Es ist unzumutbar, von jemandem zu erwarten, dass er sich erfolgreich darauf konzentriert, sowohl Daten drinnen zu halten als auch Daten rauszulassen. Es ist besser, eine InfoSec-Gruppe zu haben, mit der Sie zusammenarbeiten können. Sie sollte die Führung bei der Implementierung von Sicherheitsprotokollen, der Zugriffsverwaltung und der Bereitstellung von Anforderungen für Datenverwaltungsteams übernehmen. Das Governance-Team ist für die Förderung der Datenbestände verantwortlich und dient dem InfoSec-Team als Fachexperte. Ihr Governance-Team sollte immer einen direkten Draht zu Ihrem InfoSec-Team haben und direkt an Ihren Chief Data Officer berichten.

Aktives versus Passives Management

Die aktive Verwaltung der Daten ist das, was die Stewards in der Vergangenheit den größten Teil ihrer Rolle ausmachte. Unabhängig davon, ob es sich um ein Projekt oder ein größeres Programm handelt, waren sie dafür verantwortlich, Daten aktiv zu definieren, die Daten selbst zu verstehen und sowohl die Techniker als auch die Business-Leute bei der angemessenen

Nutzung der Daten zu unterstützen. Das ist eine sehr umfassende Aufgabe und eine "proaktive" Aufgabe bei der Verwaltung der Daten. Als Data Warehouses wuchsen, wurde die Fähigkeit, die aktive Verwaltung aller Daten durch einen Steward oder sogar ein Team von Stewards zu skalieren, schnell zur grausamen und ungewöhnlichen Strafe. Hinzu kam, dass die von den Stewards bereitgestellten Anleitungen oft nicht in das Data Warehouse implementiert wurden, weil das technische Team nicht genau wusste, was es damit anfangen sollte.

Dies ist einer der Gründe, warum ich Data Governance hasse. Die Arbeit war technisch erfolgreich, weil sie auf den damaligen Bedingungen beruhte, z. B. haben wir unsere Leistungskennzahlen definiert. Aber es gab immer eine Diskrepanz zwischen dem Prozess (vollständige Definitionen) und der Technologie (d. h. irgendetwas mit diesen Definitionen zu tun). Ganz zu schweigen von der Tatsache, dass die Verwendung einer einzigen Definition für die meisten Unternehmen nicht durchführbar ist. Ich sehe drei Hauptlücken:

1. Die Distanz zwischen dem technischen Team und den Stewards, die dazu führt, dass die gute Arbeit der Stewards nicht operationalisiert werden kann.

2. Die Distanz zwischen den Business-Leuten und den Stewards, die zu einer (falschen) Abstimmung der Absichten führt.

3. Und schließlich die Distanz zwischen den Anwendern und den Stewards, wenn die Definitionen nicht den sehr spezifischen Sichtweisen aller Beteiligten entsprachen.

Es wurde zu einem Beschuldigungsspiel. Das Beste, was man sich erhoffen konnte, war eine gute Kommunikation, was, offen gesagt, wahrscheinlich alles war, worauf wir überhaupt hoffen durften.

In der Vergangenheit lehnten sich Führungskräfte und Sponsoren zurück und warteten darauf, dass die für Data Governance Verantwortlichen ihnen etwas vorlegten, auf das sie reagieren konnten. Als guter Datenexperte habe ich immer versucht, die Interaktion der Führungskräfte mit den Daten zu begrenzen, weil ich sie nicht belasten wollte. Aber als ich kürzlich über die erfolgreichen und erfolglosen Versuche nachdachte, die ich hatte, wurde mir etwas klar. Wenn Daten das neue Öl oder das Lebenselixier eines Unternehmens sind, warum geben wir dann den Führungskräften einen Freifahrtschein? Würden Sie jemals erwarten, dass Ihr Finanzteam abtrünnig wird und ein Jahr später zu Ihnen kommt und sagt: "Ups, wir sind bankrott gegangen, weil wir nicht sicher waren, worauf wir uns konzentrieren sollten"? Und doch lassen wir das bei diesem wichtigen "Asset" immer wieder zu!

Ein Tauschgeschäft

In der Vergangenheit waren die aktiven Rollen die Stewards und Analysten, die mit den Daten lebten und arbeiteten. Bei den passiven Rollen handelte es sich in der Regel um Führungskräfte, die die Verantwortung an niedrigere Ebenen der Organisation weitergaben. Ich schlage vor, diese aktiven/passiven Rollen zu tauschen. Die Führungskräfte und Sponsoren sollten eine aktive Rolle übernehmen, während die Verwalter und Analysten eine eher passive Rolle einnehmen sollten. Damit will ich nicht sagen, dass die Führungskräfte und Sponsoren Sitzungen zur Festlegung der geschäftlichen Definitionen von Daten moderieren sollen. Ich meine damit, dass sie für die Erfolgskriterien und die Risikobewertung des Data Governance-Programms verantwortlich sind. Sie müssen eine aktive Rolle spielen und verstehen, dass die tatsächliche Nutzung der Daten (die den ROI ankurbelt) ein Risiko darstellt. Die Belohnung dafür, dass mehr Menschen im Unternehmen die Daten nutzen, muss das Risiko wert sein, und nur die Personen, die die Strategie des Unternehmens leiten, können diese Entscheidung treffen.

Das sieht folgendermaßen aus. Jemand, der so hoch wie möglich im Unternehmen angesiedelt ist, hat entschieden, dass Sie Ihre Data Governance-Bemühungen neu gestalten müssen, weil sie nicht funktionieren (oder weil Sie vielleicht nie welche hatten). Als Erstes müssen Sie die Führungsfunktion der Data

Governance wiederherstellen. Wenn diese Aufgabe von den Führungskräften übernommen wird, müssen diese entscheiden, ob der derzeitige Leiter effektiv ist. Wenn es keine Führungskraft gibt, muss natürlich eine solche ausgewählt oder eingestellt werden. Dann müssen sich die Führungskraft und der Leiter zusammensetzen und die Bedingungen für die neue Data Governance-Funktion aushandeln. Die Bedingungen dieser Verhandlung müssen diese Punkte abdecken:

- Umfang
- Budget
- Erfolgsmetriken
- Personal
- Risikobewertung

Ein Teil des Erfolgs dieser neuen Denkweise über Data Governance setzt voraus, dass die Führungskräfte des Unternehmens eine aktive, frühzeitige Rolle bei der Schaffung der Erfolgsstandards übernehmen. Wenn Sie Daten nutzen wollen und einen Weg finden müssen, sie wertvoll zu machen, obliegt es den Führungskräften des Unternehmens, den Mitarbeitern, die mit den Daten arbeiten, einen Rahmen dafür zu geben.

Umfang

Der Hauptsponsor muss zusammen mit dem Leiter der Data Governance entscheiden, für welche Bereiche die Data Governance zuständig sein soll und, was ebenso wichtig ist, für welche Bereiche Sie nicht zuständig sind. Je spezifischer Sie in diesem Bereich sein können, desto besser sind Sie dran. Es ist nicht akzeptabel, einfach etwas zu sagen wie "Data Governance garantiert qualitativ hochwertige Daten" oder "Data Governance regelt alle Daten". Das ist nicht zielführend und führt zum Scheitern. Der Schwerpunkt sollte auf wichtigen organisatorischen Metriken, Datenverwendungsmetriken, Datenqualitäts-Dashboards, verbesserter Datentransparenz usw. liegen.

Budget

Ohne Investition können Sie Ihre Data Governance-Ziele nicht auf die Nutzung umstellen. Wenn das Unternehmen nicht in Data Governance investieren will, sollten Sie es nicht tun, und schon gar nicht versuchen, jemanden in eine unhaltbare Lage zu bringen. Es wird wahrscheinlich einige Investitionen in Technologie geben, obwohl sich die meisten Kosten und Anstrengungen im Zusammenhang mit Data Governance auf die Menschen und Prozesse und weniger auf die Technologie konzentrieren sollten. Es gibt jedoch großartige Technologie-Tools, die Ihnen helfen können, sobald Sie herausgefunden haben, was Sie tun wollen. Dies wäre auch eine gute Gelegenheit, um festzustellen, ob Sie Beratungsunterstützung benötigen. Diese Programme auf die Beine zu stellen und zum Laufen zu bringen, kann einen erheblichen Aufwand bedeuten; zusätzliche Unterstützung bei der Schaffung der Grundlagen kann von Vorteil sein.

Erfolgsmetriken

Stellen Sie sich einen Moment lang vor, Sie wären der neue Data Governance-Leiter. Sie sitzen in einem Raum mit einigen Führungskräften, die sich die Zeit genommen haben, dafür zu sorgen, dass Sie mit dem richtigen Fuß aufstehen. Sie haben sich mit dem Umfang und dem Budget arrangiert und haben zum ersten Mal das Gefühl, dass das Ganze tatsächlich funktionieren könnte. Dann kommt Ihnen ein Gedanke: "Wie sieht das Ergebnis aus?" Wie werden wir wissen, ob das Programm erfolgreich ist? Sicher, Sie werden Ihren Umfang verfolgen und Ihr Budget ausgeben, aber woher werden die Führungskräfte wissen, dass Sie tatsächlich das getan haben, was Sie versprochen haben? Jetzt ist es an der Zeit, einige Erfolgskennzahlen für das Programm festzulegen, während Sie sie im Raum haben. Sie sollten vernünftig und objektiv sein, und natürlich müssen Sie in der Lage sein, sie zu verfolgen. Ich bevorzuge eine Mischung aus datenbezogenen (z. B. endgültige Algorithmen oder endgültige Definitionen) und kundenorientierten Kennzahlen (z. B. Zufriedenheit oder Arbeitsaufwand). Auch hier kommt es auf die Spezifität an, aber Sie können die Definitionen von Dingen wie "fertiggestellt" oder "einfach" für die Interaktion mit Data Governance-Bemühungen immer wieder an den Sponsor der Geschäftsleitung weiterleiten.

Personal

Sie werden Leute brauchen. Sicher, einige werden wahrscheinlich Auftragnehmer oder Berater sein, die in der Aufbauphase helfen, aber ohne entsprechendes Personal können Sie das nicht tun. Wenn ich wüsste, warum die meisten Governance-Bemühungen scheitern, würde ich sagen, dass die Unternehmen dazu neigen, zu denken, dass die Arbeit erledigt ist, wenn sie mit der Definition fertig sind. In Wirklichkeit ist die Arbeit nie getan, aber wir können sie so weit wie möglich automatisieren. Aus diesem Grund ist die Erstellung eines solchen Systems ein größerer Aufwand (oder sollte es sein) als seine Pflege. Sie müssen sich über die Anzahl der Mitarbeiter einigen; ich würde klein anfangen, denn Sie wollen nicht, dass die Einstellung, das Onboarding und das Personalmanagement Sie ausbremsen. Stellen Sie ein paar wichtige Mitarbeiter ein und gehen Sie ihnen aus dem Weg. Später in diesem Kapitel werde ich diese Schlüsselpersonen benennen.

Risikobewertung

Umfang, Budget, Erfolgskennzahlen und Personal scheinen ziemlich einfach zu sein. Wenn Sie zur Risikobewertung kommen, denken Sie wahrscheinlich: "Die anderen werde ich sicher auch machen, aber ich werde keine Risikobewertung mit meinen Führungskräften durchführen." Das liegt einfach außerhalb des Kerns dessen, was Data Governance leisten sollte. Der Grund, warum wir überhaupt versuchen, Data Governance zu betreiben, ist das Risiko; das Risiko, die Daten nicht zu verwalten, unterschiedliche Definitionen zu haben, versehentliche Offenlegungen, unangemessene Nutzung. Nehmen Sie sich zu Beginn dieses Prozesses die Zeit, um herauszufinden, welche Risiken Ihre Führungskräfte in Kauf zu nehmen bereit sind. Einige Vorlagen zur Risikobewertung finden Sie auf meiner Website www.routetwentyfive.com.

Die meisten Projekte haben ein Risikoprotokoll. Das ist eines der Instrumente, die ich für sehr wertvoll halte. Nehmen Sie sich also ein paar Minuten Zeit und dokumentieren Sie alle Bereiche der Data Governance, in denen Sie potenzielle Probleme und Risiken festgestellt haben. Wahrscheinlich haben Sie bereits einige davon, weil Sie den Umfang, das Budget, die Personalausstattung und die Erfolgskennzahlen besprochen haben. Schreiben Sie alle diese Bereiche auf und beschreiben Sie sie gründlich, und entwickeln Sie dann eine Methode zur Bestimmung der Wahrscheinlichkeit und der Auswirkungen. Legen Sie schließlich Pläne zur Schadensbegrenzung für diejenigen fest, die einen vereinbarten Schwellenwert überschreiten. Es wird sich lohnen, herauszufinden, wo Ihre Führungskräfte am meisten betroffen sind.

Das darf nicht das Ende sein. Sie müssen weiterhin aktiv mit den Führungskräften interagieren und sie in das Programm einbeziehen. Wenn Sie sie außen vor lassen, haben sie nur Zeit, es zu vergessen, und die Führungskraft muss ihre Position erneut erklären und schließlich verteidigen. Der erste Schritt besteht darin, ein gemeinsames Verständnis und einen gemeinsamen Ansatz für die Arbeit der Data Governance zu schaffen. Der eigentliche Aufwand für die Kommunikation mit Ihrem leitenden Sponsor entsteht im Zuge der Entwicklung und Automatisierung.

Führen

Lassen Sie uns zuerst klarstellen, dass es einen Unterschied zwischen Führung und Sponsoring gibt. So aktiv unsere

Executive-Sponsoren auch sein müssen, sie können sich nicht in das Tagesgeschäft einmischen; das ist die Aufgabe der Führungskraft. Die Executive Sponsors können uns dabei helfen, den Rahmen dafür abzustecken, worauf wir unsere Zeit verwenden sollten, aber der Leiter der Data Governance-Funktion muss bereit und in der Lage sein, das Schiff zu steuern.

Ich habe in letzter Zeit einen Zustrom von "Chief Data Governance Officers" und dergleichen erlebt. Ehrlich gesagt, gibt es eine Schwemme von "Chief X Officers", also sollte mich das nicht überraschen. Ich bin wie jeder andere der Meinung, dass Data Governance angeführt und beachtet werden muss, aber nicht alle Aufgaben erfordern einen Chief. In vielen Fällen, so auch in diesem, ist es sinnvoller, einen Leiter mit den entsprechenden organisatorischen Befugnissen zu haben, um die Arbeit zu erledigen. In der Vergangenheit waren Data Governance-Führungskräfte oft Einzelpersonen, die tief in einem Team oder einer Abteilung verankert waren; ich warne Sie: Wenn Sie nicht in der Lage sind, nach oben hin Einfluss zu nehmen, oder wenn es Ihnen an effektiver Unterstützung durch die Geschäftsleitung fehlt, sind Sie nicht für den Erfolg gerüstet.

Jede Führungskraft im Bereich Data Governance, egal wie man sie nennt, muss in erster Linie ein hervorragender Kommunikator sein. Ehrlich gesagt würde ich einen hervorragenden Kommunikator einem brillanten Analysten jederzeit vorziehen. Das Problem mit Analysten (nicht mit allen, ich verallgemeinere nur, um das zu verdeutlichen) ist, dass sie fast zu detailorientiert sind und oft zu viel Eigenverantwortung haben. Sie haben ihre eigenen Vorstellungen von den Daten, den Definitionen und der Art und Weise, wie die Dinge verwendet werden sollten. Das ist eines der größten Probleme bei der Durchsetzung von Analyseprogrammen, denn die Analysten sind zu sehr darauf angewiesen, Recht zu haben.

Der Leiter Ihrer Data Governance-Bemühungen sollte die Daten unbedingt verstehen und wahrscheinlich einen Hintergrund in Analytik oder Datenmodellierung haben. Dies gibt ihm einen guten Rahmen, um mit den technischen Ressourcen zu sprechen. Idealerweise verfügt er jedoch über ebenso viel, wenn nicht sogar mehr, Geschäftserfahrung - und um wirklich erfolgreich zu sein, muss er in der Lage sein, mit dem Unternehmen zu sprechen. In der Welt der Analytik geht es um das mythische Dateneinhorn. Wenn Ihre Suche erfolglos ist, suchen Sie sich ein Pferd, dem Sie vertrauen, besorgen Sie sich eines dieser Einhorn-Stirnbänder und befähigen Sie es, das Einhorn zu sein, das Sie brauchen.

Je nach Größe Ihres Unternehmens und/oder Ihrer Bereitschaft, Data Governance zu finanzieren, benötigen Sie möglicherweise mehr als eine Person, die die Data Governance-Bemühungen leitet. Es gibt mehrere Möglichkeiten, die Arbeit aufzuteilen, entweder nach Funktionen (z. B. Finanzen, Betrieb usw.) oder einfach nach Projekteingang. Sie sollten alle einer gemeinsamen

Person unterstellt sein, idealerweise dem Leiter Ihrer Analytics-Funktion.

Bis zu diesem Punkt sind alle diese Rollen auf der Unternehmensseite angesiedelt, oder zumindest sollten sie es sein. Nun müssen wir uns mit dem Teil der Datenqualität befassen. Es gibt keine Datenqualität ohne Governance und keine Governance ohne Datenqualität - zwei Seiten derselben Medaille. Der Bereich Datenqualität sollte sich aus Qualitätssicherungsexperten zusammensetzen, die Erfahrung mit Daten und insbesondere mit der Erstellung von Datenprofilen haben. Es gibt viele Qualitätssicherungsexperten, die sich auf Software spezialisiert haben, aber das ist nicht das, worüber wir hier sprechen. Sie brauchen Leute, die Erfahrung mit der Analyse von Daten auf Inkonsistenzen und andere Anomalien sowie mit Datenbereinigungsaktivitäten haben, die es dem Team ermöglichen, Probleme zu erkennen und zu protokollieren, um Prozesse zu überprüfen und zu ändern. Auch hier gilt: Je nach Größe Ihres Unternehmens und Ihrer Bereitschaft, diesen Aufwand zu finanzieren, können Sie zwischen zwei und zehn Personen beschäftigen, die sich ausschließlich mit der Datenqualität befassen. In einem späteren Kapitel werden wir auf diese Rollen näher eingehen und erörtern, wie sie eine "gute" Datenqualität sowie die Transparenz der Funktion sicherstellen.

Es wird nicht einfach sein, diese neue Denkweise in Bezug auf Data Governance zu leiten. Sie beschreiten neue Wege und helfen Ihrer Organisation, neue Denkansätze für die Nutzung von Daten zu entwickeln. Ihre Herausforderung wird von Misstrauen, Unbehagen und einer texanischen Menge an Unklarheit begleitet sein. Viele Leute werden sich wehren. Sie werden feststellen, dass die Leute ihr eigenes Ding machen. In den meisten Fällen werden Sie und Ihr Team zu dem zurückkehren wollen, was sich bequem anfühlt und was Sie kennen.

Wenn Sie an diesem Punkt angelangt sind und nicht wissen, was Sie als Nächstes tun sollen, möchte ich Sie bitten, einen Moment innezuhalten und dem Drang zu widerstehen, "etwas zu tun". Konzentrieren Sie Ihre Bemühungen auf die richtige Art der Veränderung; verwässern Sie die Arbeit nicht durch Veränderung um der Veränderung willen. Seien Sie nachsichtig mit sich selbst und erkennen Sie die Schwere der Arbeit an, die Sie leisten. Trauen Sie sich etwas zu, denn es ist äußerst schwierig, einen tief greifenden Wandel herbeizuführen. Wenn Sie wirklich das Gefühl haben, dass sich etwas ändern muss, sollten Sie sich umhören. Fragen Sie Ihre Geschäftsinteressenten, die für die Datenqualität zuständigen Mitarbeiter und die anderen Data Governance-Verantwortlichen. Führen Sie dann ein Gespräch mit Ihrem Executive Sponsor. Verfallen Sie nicht dem Irrglauben, dass eine Änderung, wenn sie störend ist, auch vorteilhaft ist; manchmal ist eine Änderung einfach nur störend und lenkt Ihr Team ab.

Aktualisieren Sie die Stellenbeschreibungen

Im Internet gibt es eine Vielzahl von Stellenbeschreibungen für Data Governance-Aufgaben. In vielen von ihnen wird das Wort "Kontrolle" sehr häufig verwendet. Da wir Data Governance als Botschafterrolle umgestalten, müssen wir alle Stellenbeschreibungen neu schreiben. Im Folgenden finden Sie die Beschreibung, die ich für die neue Rolle des "Datenbotschafters" erstellt habe. Sie können sie gerne verwenden oder für Ihre Zwecke bearbeiten. Ich möchte Sie auch dazu ermutigen, alle Ihre Stellenbeschreibungen zu überprüfen, die mit Daten oder Data Governance zu tun haben, um sicherzustellen, dass der Schwerpunkt auf der Nutzung der Daten liegt, oder im Sinne der Botschafterschaft auf "Schutz und Förderung"

Datenbotschafter Stellenbeschreibung

Der Datenbotschafter dient als Bindeglied zwischen allen Stakeholdern des Unternehmens, den Endnutzern und den technischen Ressourcen zum Schutz und zur Förderung von Datenbeständen. Diese äußerst einflussreiche Rolle interagiert mit allen Ebenen der Organisation, leitet die Entwicklung von Datenbeständen und gewährleistet die Nutzung von Datenbeständen, um ein positives Wertversprechen zu fördern.

Verwantwortlichkeiten

- Schutz und Förderung aller Datenbestände
- als Hauptansprechpartner für unterschiedliche Teams fungieren
- Unterstützung der Datenteams bei der Entwicklung neuer Datenbestände und der Verbesserung bestehender Datenbestände
- Dokumentation geeigneter Datenverwendungsrichtlinien und -verfahren in Zusammenarbeit mit den Datenschutz- und Sicherheitsbeauftragten der Organisation
- Handeln als Fachexperte für das Datenqualitätsteam der Organisation
- Unterstützung aller Benutzer beim Erlernen von Daten
- Dokumentieren und Pflegen der Risikobewertung mit dem leitenden Datenbotschafter

Erforderliche Qualifikationen

- Mindestens fünf Jahre Erfahrung in einer datenbezogenen Funktion
- Erfahrung mit Datenqualitätsteams
- Fähigkeit zum Lesen von Datenmodellen und zur Interaktion mit Datenarchitekten
- Ausgezeichnete verbale und schriftliche Kommunikation
- Leidenschaft für die Unterstützung der Organisation bei der Nutzung von Daten

- Erfahrung mit agilen Methoden
- Einhörner müssen sich nicht bewerben

Organisatorische Abstimmung

Eine kleine Nebensächlichkeit, aber ein wichtiger Diskussionspunkt ist die Frage, wem diese Funktionen in der Organisation unterstellt werden sollten. Ich war schon immer der Meinung und bin es auch heute noch, dass man eine Führungskraft braucht, die direkt für das Datenprogramm verantwortlich ist. Leider herrscht hier Verwirrung, denn ein Datenprogramm ist in vielerlei Hinsicht sehr technisch. Verstehen Sie mich nicht falsch, es wird einige Leute in Ihrem Team geben, die über tiefgreifende technische Fähigkeiten verfügen, wie Datenbankadministratoren und ETL-Ingenieure. Aber diese Rollen gäbe es nicht ohne die Notwendigkeit, Daten im Unternehmen zu nutzen. Die Trennung zwischen IT und Geschäft war schon immer ein Symptom dafür, dass ein Unternehmen versucht hat, die Funktionen sauber zu kategorisieren. Ein Unternehmen, das wirklich ein wertschöpfendes Datenprogramm haben möchte, wird eine Führungskraft einstellen, die das Datenprogramm leitet, und diese Person wird der höchsten Ebene im Unternehmen Bericht erstatten. Mit anderen Worten, es wird entweder einen "Chief Analytics Officer" oder einen "Chief Data Officer" geben, und diese Funktion wird entweder dem CEO oder dem COO unterstellt sein. Anstatt dem CIO oder CFO unterstellt zu sein, werden sie auf Augenhöhe sein. Dies ist ein entscheidender Wandel in der Art und Weise, wie das Unternehmen Daten nutzt. Wenn wir Daten als ein Unternehmensvermögen betrachten, wie Technologie oder Finanzgeschäfte, dann sollten wir sie auch so nutzen. Wenn Sie dazu bereit und in der Lage sind, empfehle ich Ihnen dringend, mit einer gemeinsamen Führungskraft voranzugehen, die in der Lage ist, diese historisch getrennten Funktionen zusammenzuführen.

Eine weniger attraktive Alternative, die aber (in der Realität) eher angenommen wird, ist die disparate Organisation, die eine Matrix aus Geschäfts- und IT-Abteilung darstellt. In diesem Fall verbleibt das Data Quality Operations-Team für die Datenqualität wahrscheinlich in der IT-Abteilung und die Data Governance-Verantwortlichen berichten an die Geschäftsseite. Dies ist nicht ideal, da es einen enormen Aufwand erfordert, nur um die Ausrichtung beizubehalten, aber manche finden diese Organisationsveränderung angenehmer. Sobald diese beiden Gruppen nicht mehr synchron sind, drehen sich die Bemühungen wie ein Gyroskop ohne Achse. Seien Sie darauf vorbereitet, dass Sie Zeit und Energie aufwenden müssen, um alle beteiligten Führungskräfte im Gleichschritt zu halten, was von der eigentlichen Arbeit ablenken kann.

Zusammenfassung

Die Rolle des Hauptsponsors muss sich von einem passiven "Ich bin nur dabei, wenn etwas schief läuft" zu einer aktiven Rolle wandeln, indem er die Funktion definiert und mit den Bemühungen im Einklang bleibt. In kleinen Organisationen, die gerade erst mit dieser Arbeit beginnen, können Sie mit zwei Ressourcen auskommen: einem Data Governance-Leiter und einem Datenqualitätsbeauftragten. Unabhängig von der Größe der Organisation werden Sie beide Seiten der Medaille benötigen. Von allen Empfehlungen in diesem Kapitel möchte ich Ihnen diese ans Herz legen: Es gibt keine Governance ohne Qualität und es gibt keine Qualität ohne Governance.

KAPITEL 2

Prozess

Ich hatte das Glück, die Grundlagen von Agile von dem ehrwürdigen David Hussman zu lernen. David war eine Institution in der agilen Gemeinschaft in den Twin Cities. Außerdem arbeitete er unermüdlich auf der ganzen Welt, um Organisationen und Einzelpersonen zu helfen, besser zu verstehen, was das agile Framework für sie tun kann. Er verstand es, die agilen Konzepte mit einem einzigartigen Erzählstil zu verweben, der mich gleichzeitig begeisterte und erschöpfte. Seine Einsichten waren so ergiebig, dass ich mir oft eine Pausentaste wünschte, um sie in dem Maße zu verarbeiten, wie sie es verdient hätten. David hat bei mir einen unauslöschlichen Eindruck hinterlassen. Es ist schwierig, das, was ich von David gelernt habe, in ein paar Worten zusammenzufassen, aber was mich am meisten beeindruckt hat, war die Idee, dass es keinen eigenständigen Wert in dem Prozess gibt. Man bekommt keine Punkte dafür, dass man ein Kästchen ankreuzt oder durch brennende Reifen springt. Was zählt, sind die Arbeit und das, was man schafft. Warum verbringen wir so viel Zeit damit, einen Prozess rund um die Arbeit zu entwickeln?

Zu viele Unternehmen verbringen zu viel Zeit damit, schwer zu befolgende Prozesse zu schaffen, oft mit entsprechender Software, um zu beweisen, dass sie funktionieren. Diese verworrenen Prozesse sind nichts anderes als eine Methode für das Management und die Stakeholder, um die Mitarbeiter, die die Arbeit erledigen, zu kontrollieren". Vieles von dem, was getan wird, insbesondere im IT-Bereich, braucht Zeit und wirkt auf Menschen außerhalb der IT abstrakt. Um ein Gefühl der Kontrolle und Transparenz zu schaffen, identifizieren wir all diese Schritte und Prozesse, damit wir die Daten sammeln und nachweisen können, dass wir die Arbeit erledigen. Dies hilft, die Lücke zwischen dem Zeitpunkt, an dem wir mit der Arbeit beginnen, und dem Zeitpunkt, an dem wir sie abliefern können, zu schließen, denn manchmal kann die Arbeit erst nach Monaten abgeschlossen werden. Leider besteht in vielen Unternehmen ein Mangel an Vertrauen zwischen der IT-Abteilung und dem Business. Dies ist oft darauf zurückzuführen, dass die IT-Abteilung in der Vergangenheit als zu langsam wahrgenommen wurde oder nicht das geliefert hat, was sie versprochen hatte. Die IT-Abteilung verbringt viel Zeit mit traditionellen Wasserfallmethoden, um zu beweisen, dass sie die Arbeit erledigt, anstatt die Arbeit zu erledigen.

Meine Sichtweise auf Prozesse hat sich im Laufe der Jahre stark verändert. Vor fünfzehn Jahren hörte man mich oft sagen: "Befolgen Sie den Prozess, denn der Prozess gibt Ihnen Sicherheit", aber Sicherheit sollte nicht Ihr Ziel sein - Ihr Ziel sollte es sein, Arbeit zu liefern. Wenn Ihre Führungskraft oder Ihr Unternehmen verlangt, dass diese Prozessschritte abgeschlossen werden, damit sie sehen können, dass Sie arbeiten, ist das Vertrauen natürlich gestört. Als einzelner Mitarbeiter können Sie das nicht für das Unternehmen ändern. Wenn Sie jedoch ein Datenteam leiten, ist jetzt vielleicht der richtige Zeitpunkt, um über den Übergang zu einem agilen Framework nachzudenken.

Dieses Kapitel wird Ihnen nicht beibringen, wie man "agil arbeitet" oder "agil ist", dazu müssen Sie sich an anderer Stelle informieren (siehe die Leseliste im Anhang). Vielmehr werden hier einige agile Konzepte vorgestellt, die Sie bei Ihren Data Governance-Bemühungen berücksichtigen können.

Die Probleme mit Data Governance sind vielschichtig. Zunächst ist es ein Definitionsproblem. Wir werfen alles auf Data Governance, von Definitionen und Verwendung bis hin zu Schutz und Sicherheit. Wir halten an engstirnigen Methoden der Data Governance fest und dokumentieren sie in Form von Richtlinien und Verfahren. Wir halten Ausschüsse an der Spitze, begraben die Leute, die die Arbeit in einer Abteilung machen, und verteilen die Entscheidungsrechte zwischen den Leuten, die Bescheid wissen (z. B. Stewards) und den Leuten, die Führungsverantwortung haben (z. B. die Führungskräfte). Den meisten Menschen ist klar, dass diese Methoden oft nicht funktionieren; da es aber ein Rahmen ist, mit dem wir vertraut sind, halten wir daran fest. Der Weg, mit dem man vertraut ist, ist jedoch nicht immer der beste Weg.

Ein weiteres wichtiges (und vielleicht das folgenreichste) Problem bei der Data Governance in einer modernen Datenplattform ist die Unbeständigkeit der Daten selbst. Die Daten werden mit hoher Geschwindigkeit in Ihre Systeme eingespeist und ändern sich ständig. Wenn der Zweck von Governance also darin besteht, ein Sperrsystem zu schaffen, um das Unkontrollierbare zu kontrollieren, wie soll das gehen, wenn die Volatilität so groß ist wie nie zuvor? Mit anderen Worten: An einem Tag herrscht eine Dürre, am nächsten Tag eine 100-jährige Überschwemmung.

Es ist höchste Zeit, dass wir moderne Methoden einsetzen, um unser modernes Problem zu lösen. Durch die Einführung agiler Methoden und die Nutzung von DataOps- und DevOps-Frameworks können wir damit beginnen, die Herausforderungen zu meistern, denen wir uns bei unseren kaputten Governance-Programmen gegenübersehen. Die Fähigkeiten von DataOps (siehe oben) sind aus gutem Grund auf dem Vormarsch, und ich glaube, dass dieses Framework ein guter Ausgangspunkt für einen modernen Ansatz für Data Governance ist.

DataOps ist eine Kombination aus Agile, Lean und DevOps, die speziell auf die Unterstützung von Daten und Analysen ausgerichtet ist. Im "DataOps"-Manifest werden diese Werte geteilt:

- Personen und Interaktionen statt Prozesse und Tools
- Funktionierende Analytics statt umfassender Dokumentation
- Zusammenarbeit mit dem Kunden statt Vertragsverhandlungen
- Experimentieren, Iteration und Feedback statt umfangreicher Vorabplanung
- Funktionsübergreifende Verantwortung für den Betrieb statt isolierter Verantwortlichkeiten

Ich werde diese neue Methode als Data Governance Operations (DGOps) bezeichnen; sie stellt die Nutzung der Daten über den Schutz eines Assets. Sie schätzt die Fähigkeit von Teams, sich selbst zu bilden, um Probleme mit den Daten anzugehen, und sieht alle Menschen im gesamten Unternehmen als Verwalter der Daten zu unterschiedlichen Zeiten und für unterschiedliche Zwecke. Es ermutigt dazu, die Daten und ihre Qualität in Frage zu stellen, denn das erhöht nur das Wissen und den Wert der Daten selbst. Im siebten Kapitel werden wir das DGOps-Konzept etwas näher beleuchten.

Dinge, mit denen man aufhören sollte

Wenn wir in den letzten zehn Jahren, in denen wir uns mit Data Governance beschäftigt haben, etwas gelernt haben, dann ist es, dass die Semantik, also die Art und Weise, wie wir die Dinge benennen, wichtig ist. Bevor ich näher auf das "Wie" der Verwendung agiler Konzepte für Data Governance eingehe, möchte ich die Sprache aktualisieren, die in der Data Governance häufig verwendet wird.

Es ist an der Zeit, das Wort "Kontrolle" loszuwerden. Es impliziert etwas, was in einer modernen Datenplattform nicht möglich ist. Außerdem sollten wir nicht eine "Standard"- Definition für unsere Metriken schaffen, sondern eine „working" Definition (WD), die Änderungen zulässt, da diese unweigerlich auftreten werden. Unser Ziel sollte es sein, die Widerstandsfähigkeit und die Fähigkeit zu erhöhen, auf vermeintliche Anomalien in den Daten zu reagieren. Wenn wir unsere Governance-Bemühungen auf die Schaffung von Standards ausrichten, fangen wir auf dem falschen Fuß an.

Als ich über diese Arbeit nachdachte, wandte ich mich an den Agile Coach Kevin Burns. Kevin ist ein erfolgreicher Coach für schlanke und agile Produktentwicklung in den Twin Cities. Er hat eine Leidenschaft dafür, Teams dabei zu helfen, ihre Produktideen in die Tat umzusetzen. Als er und ich diese Konzepte im Zusammenhang mit Data Governance diskutierten, sagte Kevin Folgendes: "Anstelle eines Befehls- und Kontrollrahmens sollten Sie stattdessen Anpassungsfähigkeit und Belastbarkeit anstreben, indem Sie Sichtbarkeit, Mustererkennung, Problemidentifizierung,

Entscheidungskriterien, Problemlösungsmethoden und Bereitstellung (Freigabe) mit Hilfe agiler Methoden nutzen."

Das Beste, was wir tun können, ist, Verbesserungen anzustreben, und das ist es, was agile Methoden zum Tragen bringen.

Dinge, mit denen wir anfangen sollten

Ich bin nach wie vor ein Befürworter der Festlegung von Schlüsselkennzahlen für Ihre Organisation. Das sollten Sie proaktiv tun. Lassen Sie sich aber nicht zu sehr in die Irre führen und nehmen Sie nicht zu viele Messgrößen an. Erstellen Sie eine Liste von Schlüsselkennzahlen, die das Unternehmen für wertvoll hält und die die Entscheidungen unterstützen, die das Unternehmen treffen muss. Diese Liste sollte von den Führungskräften erstellt werden. Das Ziel der Schlüsselkennzahlen ist es, eine WD zu erstellen, auf die sich alle einigen können. Dabei geht es nicht darum, alle zur Verwendung dieser einen Definition zu zwingen, sondern ein Maß an Übereinstimmung zu erreichen, das die verschiedenen Teile Ihrer Organisation dazu ermutigt, diese WDs zu verwenden, wenn sie miteinander sprechen. Es geht um den Teil der Governance, der oft angepriesen wird, aber selten gut funktioniert: sicherzustellen, dass Ihre Führungskräfte alle auf dieselben klar definierten Informationen zugreifen.

Es gibt einige Dinge in der Data Governance, die immer noch wichtig sind und gut funktionieren. Einer der Grundpfeiler einer guten DG ist die Sichtbarkeit und Kommunikation. Finden Sie Gleichgesinnte in Ihrem Unternehmen, die die Kennzahlen, die auf Ihrer Auswahlliste stehen, entweder bereits nutzen oder nutzen wollen. Ich nenne dies Ihre analytische Community. Jedes Unternehmen hat sie, nur wenige nutzen sie sinnvoll.

Stellen Sie dieses Team von funktionsübergreifenden Analytikern zusammen, um zu besprechen, wie die verschiedenen Gruppen diese vordefinierten Organisationskennzahlen verwenden - aber hüten Sie sich vor der Analyse-Lähmung. Es ist sehr einfach, zu analysieren und wieder zu analysieren und sich in einem „rabbit hole" oder bei einem ganz anderen Thema wiederzufinden. Vor allem Analysten wollen sicherstellen, dass sie jede denkbare Verwendung der Kennzahl und jede Nuance der Daten berücksichtigt und geprüft haben. Kürzlich unterhielt ich mich mit einem ehemaligen CIO eines Krankenhauses, der sagte, dass man achtzehn Monate brauchte, um das "Gewicht eines Patienten" eindeutig zu definieren und zu messen. Ich fragte sie: "Was haben die Leute benutzt, während das Governance-Team an der Definition gearbeitet hat?" Sie benutzten weiterhin die "alten" Definitionen oder etwas, das wahrscheinlich gut genug war.

Es ist sehr wahrscheinlich, dass dieses Team aus funktionsübergreifenden Analysten zusammenkommt und dann eine Spirale in Gang setzt. Deshalb ist es so wichtig, dass Sie Ihre Definition von "fertig", Erfolgskriterien und/oder Kriterien, die für das Jetzt ausreichen, festlegen, bevor Sie beginnen. Dies sind Konzepte, die seit langem in den agilen Methoden verwendet werden und die den größten Nutzen für unseren neuen Ansatz für die DG bringen werden. Wir müssen erkennen, dass wir uns in einem ständigen Lern-, Anpassungs-, Einstellungs- und Entwicklungsprozess befinden. Dies hilft uns, eine Lähmung der Analyse zu vermeiden und ein „minimum viable product" (MVP) zu entwickeln. In unserer neuen DGOps-Sprache ist das unsere WD von "gut genug". Diese WD muss auf unserem aktuellen Verständnis beruhen. Wenn wir uns darüber einig sind, dass der Prozess keinen inhärenten Wert hat und dass die Endbenutzer aller Wahrscheinlichkeit nach ohnehin "gute genug"-Definitionen verwenden, während wir Daten analysieren, um die Definition zu perfektionieren, sollte die Entscheidung, diese agilen Prinzipien zu übernehmen, offensichtlich sein.

Eine weitere Möglichkeit, um sicherzustellen, dass das Team nicht aus dem Ruder läuft, ist die Festlegung eines Zeitlimits oder eines Zeitrahmens für die Diskussion, insbesondere zu Beginn dieser neuen Denkweise. Wenn Sie den standardmäßigen agilen Ansatz verfolgen, werden Sie "Sprints" oder kurze Arbeitszyklen einrichten. Legen Sie innerhalb eines

Sprints ein Zeitlimit fest, innerhalb dessen Sie bereit sind, die Metrik zu analysieren. Sie können zunächst einige Zeitspannen nutzen, um das Datenprofil zu erstellen und dann einige Definitionen zu testen, aber dann sollten Sie bereit sein, eine WD vorzuschlagen. Leiten Sie die Diskussion anhand der Fragen, die Sie beantworten müssen, um Entscheidungen treffen zu können (d. h. welche Geschäftsbereiche die Kennzahl für die Entscheidungsfindung benötigen). Anschließend sollten Sie die Fragen analysieren, die Sie in der Diskussion nicht beantworten können (ein wenig Data Mining, um festzustellen, ob es offensichtliche Dinge gibt, die Sie übersehen haben). Dazu gehört wahrscheinlich die Erstellung von Datenprofilen, die von den Mitgliedern des Qualitätskontrollteams (QC) durchgeführt wird. Die Analyse ist in zweierlei Hinsicht wichtig: Erstens, um sicherzustellen, dass die Daten den Verwendungszweck unterstützen (leider ist das manchmal nicht der Fall!), und zweitens, um zu verstehen, wie Änderungen umgesetzt werden können, sobald das Team bereit ist, die Arbeitsdefinition freizugeben.

Ihr QC-Team sollte ein Datenqualitäts-Dashboard mit (mindestens) den wichtigsten Metriken erstellen, so dass jeder zu jeder Zeit sehen kann, wie die Datenqualität aussieht. Dieses Maß an Transparenz schafft Vertrauen.

Die Schritte

1. Arbeiten Sie mit Ihrem(n) Hauptsponsor(en) zusammen, um eine begrenzte Liste von Kennzahlen festzulegen, die das Unternehmen verwenden wird (idealerweise weniger als fünfzehn)

2. Eine Gruppe von Führungskräften sollte eine Rangfolge dieser Kennzahlen aufstellen

3. Finden Sie Ihre analytische Community

4. Bringen Sie ein funktionsübergreifendes Team von Analysten und Datenqualitätsressourcen zusammen, um die ausgewählte Kennzahl zu diskutieren

5. Definieren Sie die Kennzahl anhand von Geschäftsbegriffen

6. Verwenden Sie mathematische Begriffe, um den Algorithmus zu definieren, der die Metrik unterstützt.

7. Führen Sie Standard-Daten-Profiling-Methoden für alle Daten aus, aus denen sich die Kennzahl zusammensetzt.

8. Überprüfung der Daten mit dem funktionsübergreifenden Team auf Fehler, Nuancen und Erkenntnisse

9. Bearbeiten oder ändern Sie entweder die Definition oder den Algorithmus auf der Grundlage der Erkenntnisse aus den Daten (wichtiger Schritt!)

10. Veröffentlichen Sie Ihre Arbeitsdefinition

11. Feedback einholen, bearbeiten und wiederholen

Diese Schritte können in Ihr Product Backlog aufgenommen werden, eine Liste aller Arbeiten, die Sie unternehmen, um ein Produkt zu entwickeln. In diesem Fall ist das Produkt eine Reihe von vordefinierten WDs für die organisatorischen Metriken, die üblicherweise zur Entscheidungsfindung verwendet werden.

WDs und die Idee von "gut genug" sind tatsächlich schwer zu operationalisieren. In einem Gespräch mit einem Kunden wurde kürzlich die Frage gestellt: "Was ist mit den Veränderungen? Wenn wir uns auf "gut genug" konzentrieren und feststellen, dass es nicht gut genug war, wie können wir dann die Änderung vornehmen?" Das ist eine gute Frage, aber schon die Frage deutet auf eine Wasserfall-Mentalität hin. Die Frage geht davon aus, dass es keinen Wert im Prozess gibt. Wenn wir das frühere Beispiel über das Krankenhaus, das das Gewicht in achtzehn Monaten definiert, wieder aufgreifen und die DGOps-Methode darauf anwenden, könnte das Szenario in etwa so aussehen:

Das Gewicht eines Patienten in einem Kinderkrankenhaus ist ein wichtiges Thema. Es ist oft schwierig, es zuverlässig zu erfassen, und für die Patientensicherheit entscheidend. In den meisten Kinderkliniken gibt es viele Möglichkeiten, das Gewicht zu definieren, sowohl kategorisch (z. B. Gramm oder Pfund) als auch prozessual (Babys werden im Liegen gewogen, ältere Kinder auf einer herkömmlichen Waage). Vergleiche sind schwierig, und aus all diesen Gründen ist es wichtig, eine einheitliche Regelung zu haben. Nachdem wir nun das Gewicht als Schlüsselkennzahl in unserer DGOps-Methode festgelegt haben, wie geht es weiter? Wir überprüfen alle Daten, die typischerweise mit dem Gewicht verbunden sind, und woher sie stammen und wohin sie gehen, einschließlich aller dazwischen liegenden Schritte. Während dieser Zeit kommunizieren wir häufig mit so vielen Stakeholdern wie möglich (d. h. mit unseren selbst erstellten Teams). Wenn wir uns treffen, dann nur, um die Daten zu überprüfen - nicht die Theorien über die Daten (d. h. die Definitionen aller Beteiligten). In dieser Phase lernen wir voneinander über die Metrik (in diesem Fall das Gewicht), verwenden aber wahrscheinlich immer noch die "alte" Art der Definition, bis wir einen besseren Weg gefunden haben.

Der Unterschied zwischen der DGOps-Methode und der früheren Methode besteht darin, dass wir die Leute ermutigen, die Daten weiterhin zu verwenden. Wir überprüfen die Daten, so wie sie in unseren Systemen vorhanden sind, und wir nehmen uns die Zeit, etwas über die Daten und ihre Verwendung im IST-Zustand zu erfahren. Bei DGOps ist jeder ein Steward, denn jeder nutzt die Daten aus unterschiedlichen Gründen. Dies bietet die Möglichkeit, Prozesse dort zu ändern, wo sie am wirkungsvollsten sind (wenn z. B. eine Einheit eine bessere Methode zur Messung entwickelt, können andere Einheiten diese übernehmen). Es verringert auch den Druck auf alle, sich auf eine Standarddefinition für alle Fälle zu einigen, denn das ist nicht sinnvoll.

Nachdem alle Versionen der Daten überprüft und fehlerhafte Prozesse behoben wurden, hat das Team viel über die Daten gelernt und sich darüber ausgetauscht, während es sie nutzte. Dann, und nur dann, können wir uns alle auf eine Definition einigen, die das Unternehmen zum Vergleich heranziehen kann. Diese Definition würde alle unsere Tests (Lackmustests und codierte Tests) bestehen und nicht gegen die Art und Weise verstoßen, wie die Daten generiert werden (Definition und Verwendung von Daten, wie sie existieren). Wie bei jeder agilen oder Ops-Methode sind Tests und Transparenz der Schlüssel zur Akzeptanz der Daten.

Du machst es kaputt, wir reparieren es

Da wir nur eine WD für eine begrenzte Anzahl von Metriken erstellen werden, werden Sie feststellen, dass es Situationen geben wird, in denen Ihre Benutzer Datenprobleme entdecken werden. Es ist wichtig zu wissen, dass dies eine gute Sache sein kann! Das bedeutet, dass sie die Daten nutzen, und es gibt Ihnen die Möglichkeit, Datenproblemen auf den Grund zu gehen und herauszufinden, was das Problem wirklich ist.

Bei der Behebung von Problemen sollten Sie auch Ihren Backlog ausnutzen. Nicht alle Probleme sind gleich und nicht alle sind gleich wichtig, und es ist nicht möglich, alle Probleme aufzuspüren. Sie müssen einen Mechanismus schaffen, mit dem Ihr Unternehmen auf diese Probleme reagieren und sie nach Prioritäten ordnen kann. Dazu gehört in der Regel eine schnelle Überprüfung, um die Auswirkungen und den Schweregrad des Problems zu bestimmen.

Wenn beispielsweise bei einem Ihrer WDs ein Problem festgestellt wird, hat dieses wahrscheinlich eine höhere Priorität als ein obskures metrisches Problem, das sich nur auf eine Person in einer Abteilung auswirkt. Versuchen Sie, das Feuerwehrmann-Phänomen (von Feuer zu Feuer zu rennen und es so schnell wie möglich zu löschen) zu vermeiden, wenn Sie Ihre Break/Fix-Fähigkeiten strukturieren. Verlassen Sie sich bei der Beurteilung der Dringlichkeit und Wichtigkeit von Anfragen in hohem Maße auf Ihren Produktverantwortlichen.

DataOps

Vor ein paar Jahren, auf meiner agilen Reise, wandte ich mich an Google - wie die meisten Leute es heutzutage tun. Ich suchte nach Informationen über die Verwendung agiler Konzepte oder Beispiele für die Anwendung agiler Methoden für Datenprogramme. Ich stieß auf das DataOps Manifesto (www.dataopsmanifesto.org). Ich erinnere mich, dass ich es gelesen und in meinem Hinterkopf abgelegt habe. Als ich dann mit den Recherchen für dieses Buch begann, sah ich mir das Manifest erneut an und hatte die Gelegenheit, mit einem der Mitverfasser, Christopher Bergh, CEO und Chefkoch von DataKitchen, zu sprechen. Ich habe mit vielen Leuten über dieses Buch gesprochen, aber das Gespräch mit Chris hat gefühlt zehn Minuten gedauert, obwohl ich mir die ganze Stunde Zeit genommen hatte. Wir waren uns, wie ich es gerne nenne, "heftig einig" über den Wert von DataOps für Datenprogramme.

Das Manifest enthält achtzehn Grundsätze; Sie sollten sie alle lesen. Ich habe ein paar herausgepickt, weil dies kein Kapitel über das Manifest ist, sondern ein Kapitel darüber, wie man die Konzepte für eine Prozessaktualisierung in der Governance nutzen kann.

Die Quintessenz des Manifests für unsere Zwecke ist folgende: Analytics ist ein Teamsport. Konzentrieren Sie sich darauf, die Daten oder die Ergebnisse der Analyse in die Hände der Nutzer zu geben, was auch Gegenstand der Data Governance sein sollte. Die Sichtbarkeit des Prozesses (einschließlich der Tests und des Codes) ist ein wesentlicher Faktor für den Erfolg, denn sie trägt zur Vertrauensbildung bei. Wie ich bereits im ersten Absatz beschrieben habe, legen die meisten Unternehmen Wert auf den Prozess selbst. Sie wenden sich den Prozessschritten zu und haken sie ab, als ob sie etwas erreicht hätten. Damit tun sie so, als ob sie die Arbeit, die sie leisten, transparent machen würden. Sie werden Ihnen die Arbeit nicht zeigen, aber sie werden Ihnen zeigen, dass sie zehn Stunden auf Schritt fünfzehn im Projektplan verwendet haben. Der Übergang zu agilen und DGOps erfordert ein Maß an Transparenz, das denjenigen, die lange Zeit die alten Methoden verwendet haben, sehr unangenehm ist. Insbesondere in der Analytics sind wir zu der Überzeugung gelangt, dass die Qualität der Daten UNSER Job ist, und zwar nur UNSER Job.

Viele von uns glauben nicht, dass andere Menschen im Unternehmen die Fähigkeit haben, zu verstehen, was wir tun oder wie wir es tun. Aber das ist nicht der Punkt. Verstehen ist nicht immer das Ziel. Wenn man den Prozess nicht transparent machen kann, wird alles, was man über eine Verspätung sagt, zu einem Vertrauensproblem. Wie Chris in unseren Gesprächen sagte: "Hoffnung und Vertrauen sind wichtige Gefühle, aber sie gehören nicht in die Analytics." Unsere Nutzer sollten nicht auf großartige Arbeit "hoffen", und wir sollten sie nicht zwingen, uns zu "vertrauen", ohne die Bereitschaft zu haben, dies zu untermauern. Es steht außer Frage, dass der Übergang zu DGOps und agilen Methoden für Ihr Unternehmen und Ihre Mitarbeiter einschneidend sein wird. Sie haben es schon einmal anders gemacht und es hat nicht funktioniert. Was ist falsch daran, es auf eine neue Art zu versuchen? Selbst wenn DGOps für Ihr Unternehmen nicht funktioniert, werden Sie wahrscheinlich eine Menge lernen. Verbessern Sie sich weiter, denn das ist alles, was wir für eine kontinuierliche Verbesserung verlangen können.

Es könnte sich für Sie lohnen, einen noch mutigeren Schritt in Erwägung zu ziehen, einen, bei dem Sie die Veränderungen bei den Mitarbeitern und Rollen mit den Veränderungen im Prozess zusammenführen müssen. Die meisten Agile-Experten werden Ihnen sagen, dass Veränderungen bei den Rollen genauso wichtig sind wie Veränderungen im Prozess. Sich selbst bildende Teams und Produktverantwortliche sind das, was die meisten agilen Bemühungen auf die nächste Stufe der Geschwindigkeit katapultiert. Ich habe das aus erster Hand erfahren; durch eine demütigende Erfahrung, die ich machte, als ich mein erstes agiles Team leitete.

Eines der Dinge, die ich an der agilen Arbeitsweise sehr schätze, zumindest an der Art und Weise, wie wir sie in diesem speziellen Projekt umsetzten, war der Umgang mit den Daten. Ich hatte Datenpunkte, aus denen hervorging, wie viel Zeit jemand dachte, dass etwas dauern würde, und wie lange es tatsächlich dauerte. Alle zwei Wochen setzte ich mich gerne mit meiner Excel-Tabelle hin und berechnete die Genauigkeit der einzelnen Personen und nahm (meiner Meinung nach) hilfreiche Anpassungen an der Arbeit vor, um sicherzustellen, dass wir die Genauigkeit unserer Schätzungen verbesserten. Mein Gedanke war, dass die Prognosen des Modells umso besser werden, je genauer wir sind. Je besser die Projektionen waren, desto leichter fiel es mir, sie mit den Führungskräften zu teilen. Nach einer Weile bemerkte ich, dass unsere Abschlussquote viel schneller sank, als ich es mir rational erklären konnte. Unser

Fälligkeitsdatum rückte immer weiter hinaus, und ich wurde nervös. Ich berief eine Besprechung ein, und wir spielten mit dem Modell, um zu sehen, was uns fehlte. Das Team saß still da und hörte mir zu, wie ich über die Bedeutung der Geschwindigkeit referierte. Ein paar Mutige meldeten sich zu Wort und sagten mir, warum etwas länger dauerte, und ich hatte immer eine (nutzlose) managementmäßige Antwort parat.

Nach einer Weile geriet ich in Panik, und ich rief David an (die großen Geschütze). Zu diesem Zeitpunkt war bei David bereits Krebs diagnostiziert worden und er befand sich in Behandlung. Ich hoffte nur auf einen kurzen E-Mail-Austausch, aber er bot mir an, zu kommen. Es gibt vieles, was ich über diesen Tag sagen kann: die Energie im Raum, die Diskussionen, die wir führten, und die Tatsache, dass David müde und schwach war, aber so aufschlussreich wie immer. Aber was ich an diesem Tag gelernt habe, hat alles für mich verändert. Ich lernte, dass ich das Problem war. Ich war so sehr damit beschäftigt, hilfreich zu sein, dass ich es den Leuten vermasselte. Das Problem mit unserer Geschwindigkeit war nicht das Team oder seine Fähigkeit, den Arbeitsaufwand genau zu bestimmen... es war ich! Ich war ihnen die ganze Zeit auf den Fersen und brachte ihren Arbeitsfluss durcheinander. Das war eine Demonstration der Demut. Ich war immer stolz darauf, die Person zu sein, die meinen Teammitgliedern half, die beste Version ihrer selbst zu werden. An diesem Tag wurde mir jedoch klar, dass ich sie dazu gezwungen hatte, die beste Version dessen zu sein, was sie meiner Meinung nach sein sollten, und dadurch das Projekt verlangsamt hatte.

Ich atmete tief durch und trat einen Schritt zurück. Ich arbeitete mit guten, klugen Leuten zusammen, und ich musste sie gute, kluge Arbeit machen lassen. Sofort begannen sie, sich selbst zu organisieren, den Arbeitsvorrat zu erstellen und ihre eigenen Probleme zu lösen. Ich war immer da, wenn sie nicht weiterkamen, und ich setzte immer noch Prioritäten für den Backlog, aber es war anders. Sie spürten es und ich spürte es. Und wissen Sie, was passiert ist? Unsere Arbeitsgeschwindigkeit verdreifachte sich.

Priorisierung und Product Owner

Die Sache mit den vielen Analysten, die viele Dinge für viele verschiedene Personen in Ihrem Unternehmen erledigen, ist die: Es entsteht ein natürlicher Konflikt bei der Priorisierung. Jedes Unternehmen ist in seinen Möglichkeiten eingeschränkt, sei es durch die Anzahl der Mitarbeiter, die es einstellen kann, oder durch den Geldbetrag, den es in einen Datenbestand investieren kann. Irgendwann werden Sie sich in einer Situation wiederfinden, in der Analysten (oder Botschafter) konkurrierende Projekte haben. Sie mögen alle großartige Ziele haben, aber man kann sie nicht gleichzeitig erledigen.

In der Regel ist dies der Punkt, an dem ich empfehle, ein Komitee zu gründen, das alle Anfragen prüft und auf der Grundlage des Wertes, den sie bieten, und/oder des Aufwands, den sie erfordern, Prioritäten setzt. Diese Empfehlung gebe ich immer noch vielen Unternehmen, aber wenn Sie bereit sind, eine wirklich agile Denkweise in Bezug auf die Bereitstellung zu übernehmen, sind inkrementelle Ergebnisse der Schlüssel. Die Idee, Dinge so lange aufzubewahren, bis ein Komitee zusammenkommt und sie überprüft, steht im Widerspruch zu vielen der Schlüsselattribute von Agile und DataOps Manifesto und unserem neu geschaffenen DGOps. Was soll ein Product Owner tun?

Stellen Sie zunächst sicher, dass Sie wirklich einen Konflikt haben. Manchmal erscheinen Dinge auf den ersten Blick schwierig, arbeitsintensiv oder widersprüchlich, entpuppen sich aber bei näherer Betrachtung als nichts von alledem. Stattdessen sind es die Beteiligten, die aus unterschiedlichen Gründen künstlich Hindernisse aufbauen. Hier ein Beispiel: Sie haben eine kleine Anfrage aus dem Unternehmen, die in 3-4 Sprints umgesetzt werden soll. Das Unternehmen versteht nicht, warum es so lange dauert, und Sie offen gesagt auch nicht. Sie stellen fest, dass das Problem nicht die Arbeit selbst ist, sondern dass es nur eine/n Analysten/in gibt, der/die über die nötigen Fähigkeiten verfügt, um diese Aufgabe zu erledigen - und der/die ist voll ausgelastet. Sie haben ein Engpassproblem, kein komplexes Problem, das ein Team zur Lösung und Diskussion erfordert. Tun Sie, was Sie tun müssen, um das Problem kurzfristig zu lösen, und merken Sie sich, dass Sie in der Zukunft einige Querschulungen durchführen müssen.

Agiles Vorgehen ist darauf ausgelegt, dass die Arbeit je nach Bedarf zwischen verschiedenen Ressourcen aufgeteilt werden kann, aber in der Datenarbeit, insbesondere in kleineren Organisationen, hat man manchmal nicht den Luxus einer solchen Redundanz. Selbst wenn Sie bei der Einstellung klug vorgegangen sind und genau wissen, dass jemand über diese Fähigkeiten verfügt, entstehen durch die Kontextverschiebung Kosten (siehe Kasten unten), denen Sie sich bewusst sein müssen. Das Wichtigste, was Sie bedenken müssen, ist Folgendes: Fortschritte sind Ihnen wichtiger als Ausschussprüfungen und Verzögerungen.

Setzen Sie Prioritäten bei der Arbeit, die Sie für wertvoll halten und die schnell erledigt werden kann, verlagern Sie die Arbeit auf andere Ressourcen, wenn Sie können, und helfen Sie den Beteiligten, die Herausforderungen zu verstehen, vor denen Sie stehen. Änderungen können sowohl bei den zu erbringenden Leistungen als auch bei den Prioritäten vorgenommen werden, wenn Sie sich alle auf ein minimal realisierbares Produkt einigen. Das ist schwieriger, wenn Ihre Organisation oder Ihr Team ganz auf traditionelle Wasserfallmethoden ausgerichtet ist.

"Wenn man sich auf eine bestimmte Art von Aufgabe, Herausforderung oder Informationsmenge konzentriert und dann zu etwas völlig anderem übergeht, wechselt man den Kontext. Manchmal sind die Übergänge gewaltig und erschütternd. Andere Male bemerkt man sie nicht einmal." [1]

Lieben Sie Ihre Fehler

Die wahrscheinlich größte Veränderung, die ich für die traditionelle Governance vorschlage, ist die Idee, den Zugang zu Daten radikal zu demokratisieren. Man muss die Daten zugänglich machen, die Menschen sie nutzen lassen, sie auf Fehler hinweisen und sogar unangenehme Fragen stellen. Man muss lernen, die den Daten innewohnenden Fehler zu lieben und nicht mehr versuchen, sie im Nachhinein zu verhindern. Ich weiß, dass sich das für einen Datenexperten völlig verrückt anhört, aber es ist wahr. Bei der Governance geht es zu sehr um den Schutz vor den Nutzern der Daten und zu wenig um die Förderung. Die einzige Möglichkeit, die volle Leistungsfähigkeit der Datenbestände, um deren Schutz wir uns so sehr sorgen, zu erhalten, besteht darin, sie ein wenig loszulassen und die Scherben aufzusammeln, wenn schreckliche Dinge passieren. Und das wird geschehen. Wenn Sie Ihre Denkweise an die der

---

[1] https://bit.ly/2zuzgzV.

Botschafter und Ersthelfer anpassen, können Sie schützen, was Sie können, und sich auf den Rest bzw. das Schlimmste vorbereiten. Die Verwendung des DGOps-Modells hilft dabei, inkrementelle Schritte zur Verbesserung der Daten zu unternehmen, aber es hilft uns auch dabei, die Nutzung von Daten in eine funktionierende Data Governance-Capability einzubetten.

Lieben Sie die Fehler, die Sie in den Daten finden. Verstecken Sie sie nicht, das macht Ihre Arbeit nur schwieriger und lässt die für den Fehler verantwortlichen Personen oder Prozesse aus dem Schneider. Wie im DataOps Cookbook so eloquent beschrieben, ist die Analyse ein Teamsport, und viel zu lange haben wir unsere Führungskräfte und Benutzer mit einem geringen Engagement davonkommen lassen. Wir haben ihre mangelnde Beteiligung mit der Begründung abgetan, es sei zu schwierig oder es sei "unser Job", aber Daten sind nichts ohne Kontext. Der einzige Weg, einen Kontext zu schaffen, besteht in der Vermittlung von Fachwissen. Durch die aktive Beteiligung an einem selbst geschaffenen Team, das einen zusätzlichen Wert schaffen soll, kann jeder seine Rolle bei der Data Governance verstehen.

Der Wechsel zu einer agilen oder DGOps-Mentalität ist nicht unbedeutend. Im Anhang dieses Buches finden Sie eine Liste mit Literaturempfehlungen, die auf meinen vielen guten Gesprächen mit anderen zu diesem Thema basieren. Nehmen

Sie sich die Zeit, einige dieser anderen Bücher zu lesen; sprechen Sie mit anderen Menschen, die den Wandel vollzogen haben, und helfen Sie Ihrer Organisation, sich auf einige der Veränderungen vorzubereiten, oder erkennen Sie zumindest an, dass dies von großem Nutzen sein könnte. Dann engagieren Sie einen Coach, der Sie bei der Umstellung unterstützt. Kümmern Sie sich nicht sofort um Software oder Tools. Nehmen Sie sich die Zeit, um sich über die Prozesse klar zu werden; die Tools sollten erst dann zum Einsatz kommen, wenn Sie wissen, welchen Nutzen Sie davon haben. Lassen Sie sich Zeit, während die Umstellung erfolgt. Einige der wichtigsten Lektionen, die ich während meiner agilen Transformation gelernt habe, hatten mit der Art und Weise zu tun, wie ich das Team geführt habe. Das Führen und Unterstützen Ihrer Mitarbeiter während dieser Umstellung ähnelt sehr dem Erziehen. Sie geben ihnen die Grundlagen, die sie brauchen, um gute Entscheidungen zu treffen, und Sie sind da, um sie aufzurütteln, wenn sie stolpern, und sie zu ermutigen, weiterzumachen.

Zusammenfassung

Data Governance geht nie zu Ende. Sie wird lange über Ihre Amtszeit hinausgehen. Der Aufbau eines robusten Programms erfordert robuste Prozesse. Anstatt zu beweisen, dass Sie die Arbeit machen, machen Sie einfach die Arbeit. Das Einzige, was

Sie sich aus diesem Kapitel merken sollten, ist, dass Sie immer wieder schrittweise Fortschritte machen müssen. Data Governance ist, vielleicht mehr als jede andere Datenfunktion, ein unerbittlicher Feind. Der einzige Weg, ihn zu zähmen, besteht darin, wachsam zu sein, keinen großen Knall zu erwarten, sondern einfach weiterzumachen und sich darauf zu konzentrieren, minimal wertvolle Produkte zu entwickeln, die einen Wert darstellen und jeden Tag besser werden.

KAPITEL 3

Technologie

Ich bin in den letzten Zügen. Das Buch ist in wenigen Wochen fällig, und als ich den Inhalt zur Überarbeitung abschickte, beschloss ich, Kapitel vier komplett zu streichen. Ich musste mit einer völlig leeren Seite neu anfangen. Und warum? Weil die erste Fassung dieses Kapitels schrecklich war. Ich tanzte um Themen herum, gab kaum nachvollziehbare Empfehlungen und jammerte eine Menge über Software. Wenn ich es schon kaum lesen konnte, wie konnte ich dann erwarten, dass es jemand anderes tut?

Ich bin keine Technologin, sondern eine ausgebildete Analystin. Außerdem bin ich eine Frau in einer von Männern dominierten Branche (was eigentlich keine Rolle spielen sollte, aber es ist so). Ich zensiere mich selbst, wenn es um Technologie geht, um den unvermeidlichen Besserwisser zu vermeiden. Ich spreche von der Person, die dieses ganze Buch als Fehlschlag bewerten wird, weil ich nicht auf irgendeine beliebige Technologie eingegangen bin oder in widerlichen Details die Gefahr der kartesischen Verbindungen erklärt habe.

Vor ein paar Jahren sagte mir mein damaliger Chef, ich solle mich von niemandem einschüchtern lassen, denn ich wüsste viel mehr, als ich zugeben würde. Das stimmt, nach zwanzig Jahren Arbeit in und um Data Warehouses kann ich mich in einigen ziemlich technischen Unterhaltungen auf Augenhöhe mit anderen messen. Ich erkenne, wenn jemand absichtlich versucht, das Thema durch die Verwendung von Fachbegriffen zu vernebeln. Mein Zögern spiegelte sich in dem Kapitel wider. Als mein erster Lektor sagte: "Irgendetwas an Kapitel vier ist seltsam, ich kann es nur nicht genau benennen", wusste ich, dass ich einige große Änderungen vornehmen musste.

Bei Data Gouerannce geht es nicht um Technik

Dieses Kapitel ist zwar der Idee gewidmet, dass Technologie Probleme im Zusammenhang mit Data Governance lösen kann, aber eine Sache muss ich zuerst aus dem Weg räumen. Bei der Lösung von Data Governance geht es nicht wirklich um Technologie. Keine Technologie der Welt kann Ihr Data Governance-Programm vor sich selbst retten. Es ist mir egal, ob es sich bei der Technologie um einen KI-Bot handelt, der nicht eher schläft, bis er alle fehlerhaften Daten aufgespürt hat. Technologie kann keine fehlerhaften Prozesse, fehlende Mitarbeiter, mangelndes Wissen der Mitarbeiter oder schlecht definierte Funktionen lösen. Die Technologie ist nur so gut wie der Implementierer, der Benutzer und der Zweck. Wenn Sie kein klares Ziel haben, die Benutzer falsch orientiert sind oder die Implementierer zu jeder Anpassung ja (oder nein) sagen, dann haben Sie nur ein weiteres Chaos am Hals.

Technologie kann genau definierte Probleme lösen. Aber Sie müssen genau wissen, was diese Probleme sind und warum sie überhaupt Probleme sind. In diesem Kapitel befassen wir uns mit den Optionen, die uns heute in Bezug auf Technologie und Data Governance zur Verfügung stehen. Die Auswahl ist groß und beeindruckend. Es gibt aufregende Fortschritte bei den Fähigkeiten, die maschinelles Lernen (ML) und künstliche Intelligenz (KI) umfassen. Es gibt wirklich spannende Tools, die unseren Endbenutzern endlich einen Einblick in unterschiedliche Datensätze und deren Qualität geben. Wir werden diese Optionen untersuchen und einen klaren Weg aufzeigen, welche Probleme sie auf Ihrem Weg zu moderner Data Governance konkret lösen können.

Es gibt zu viele Daten, als dass wir keine Software einsetzen könnten, um sie zu verbessern. Selbst einige der fortschrittlichsten Tools, die wir haben, leisten keine gute Arbeit bei der Verbesserung der Datenqualität, weil sie darauf warten, dass ein Mensch ihnen sagt, was sie tun sollen. Das Problem ist, dass Menschen sich oft irren oder den Daten ihre eigene Version der Realität überstülpen, ob sie sich dessen bewusst sind oder nicht. Das Beste, was wir tun können, ist, uns von den Daten sagen zu lassen, wie sie sein sollten, und sie dann zu überprüfen, um festzustellen, ob sie unseren Erwartungen entsprechen. Wenn die Erwartungen nicht übereinstimmen, ist es unsere Aufgabe, unsere Erwartungen und die Prozesse zu überprüfen, wie die Daten zustande gekommen sind. Letztendlich ist es wirklich so einfach. Die Daten sind weder gut noch schlecht, es sind einfach nur Daten.

Eine Auffrischung

Bei Data Governance ging es schon immer darum, den Daten einen Kontext zu geben. Eine der Hauptaufgaben von Data Governance bestand darin, eine Standarddefinition von Daten zu schaffen. Natürlich gab es noch andere Aspekte wie den Schutz der Daten und die Datenqualität, aber der Kontext war wirklich der Kern der Data Governance. Lange Zeit versuchten wir, eine einheitliche Definition für etwas zu schaffen, z. B. für einen Patienten. Doch im Laufe der Zeit geschah etwas Merkwürdiges. Datenexperten erkannten, dass es nicht möglich ist, alles in Ihrem Data Warehouse zu definieren. Und selbst wenn man es könnte, würde immer jemand anderer Meinung sein als man selbst. In der Vergangenheit wurde die Definition durch den Kontext bestimmt, die Definition bestimmte die Qualität, und die Qualität war das, was man in das Data Warehouse "implementieren" konnte - dieser Prozess scheiterte jedoch sehr oft. Die Daten waren zu schmutzig und die Datenqualitätsprozesse konnten kaum mithalten. Um das zu kompensieren, führten die Dateningenieure große Mengen an Transformationscode ein, um die Daten so zurechtzubiegen, dass sie den Definitionen entsprachen, aber das Problem ist, dass das nicht skalierbar ist. Die Projekte stehen unter dem Druck, die Arbeit schnell und pünktlich abzuschließen. Daher werden QA und UAT oft auf nur wenige Tage reduziert. Wir vernachlässigen die Zeit, die für eine gründliche Arbeit erforderlich ist.

Im Sommer nach meinem Schulabschluss habe ich in einer Kunststofffabrik gearbeitet. Ich hatte so ziemlich jeden Job, den man sich vorstellen kann, aber lassen Sie mich Ihnen sagen: Sie haben nicht gelebt, bevor Sie nicht einen heißen Sommer in einer noch heißeren Fabrik verbracht haben.

Was ich in meiner Zeit dort gelernt habe, war kurz, aber wichtig:

1. Es war harte Arbeit und ich mochte sie nicht, also sollte ich lieber gut im College sein
2. Aus einer Palette Plastikgranulat kann man viele verschiedene Dinge herstellen

In der Datenarbeit gibt es viele Analogien. Aber eine Fabrik ist ziemlich relevant, wenn es um Data Governance geht. Man nimmt Rohmaterial und macht daraus etwas weniger Rohes. Wenn Sie ein Fabrikbesitzer wären und eine Palette mit weißen

Kunststoffgranulaten hätten, würden Sie dann sagen: "Aus diesem Rohstoff stellen wir nur noch Papierhandtuchhalter her"? Nein, Sie würden diese riesige Kiste mit weißen Pellets als Rohmaterial betrachten, das zu allem Möglichen verarbeitet werden kann. Wir müssen uns von den Daten helfen lassen, um zu sehen, was daraus werden könnte, und zwar nicht nur aus der Sicht der Definition, sondern auch aus der Perspektive der Qualität. Mit den neuen technologischen Möglichkeiten ist es möglich, mehr Daten als je zuvor zu betrachten. Schauen Sie, was zu Ihrer Definition passt und was nicht. Führen Sie mit den Endbenutzern Ihres Unternehmens eine Überprüfung durch. Korrigieren Sie die Dateneingabeprozesse, die schlechte Daten erzeugen, oder passen Sie die Definitionen an, wenn sie nicht der Realität entsprechen. Es ist nach wie vor in Ordnung und in vielen Fällen sogar notwendig zu wissen, wie Ihr Unternehmen die KPIs definieren muss. Aber die Technologie ermöglicht es uns jetzt, dies noch einfacher zu machen, indem wir die Datenprobleme früher als je zuvor aufdecken. Hier eine weitere Analogie für Sie: Wir sollten aufhören, nach einer Überschwemmung zu versuchen, das Wasser wieder in den Fluss zu schütten, und stattdessen nach der Ursache der Überschwemmung suchen.

So trainieren Sie Ihre Daten

Die Prämisse ist einfach. Können Sie KI oder genauer gesagt ML-Methoden und -Tools einsetzen, um die Qualität Ihrer Daten für Ihr Unternehmen zu verbessern? Ich habe zu dieser Frage einige kluge Köpfe befragt, die tatsächlich in der KI/ML-Technologie arbeiten.

Das erste Mal hörte ich den Begriff "KI-Washing", als ich Neil Raden für dieses Kapitel interviewte. Vereinfacht gesagt, bedeutet KI-Washing, dass ein Unternehmen behauptet, fortschrittliche Technologie wie KI in seinen Produkten zu verwenden, dies aber in Wirklichkeit nicht tut. Neil sprach über einen Artikel, der auf Bewertungen europäischer Start-ups basierte, obwohl ich bezweifle, dass dieses Problem auf diese Region beschränkt ist. In dem Artikel wurde behauptet, dass vierzig Prozent der befragten Unternehmen keine KI-Fähigkeiten hätten, obwohl sie dies behaupteten. Erst vor ein paar Monaten hatte ich die Gelegenheit, das Analytics-Paket eines großen Softwareunternehmens zu prüfen, das behauptete, "KI-Fähigkeiten" zu nutzen, um den Umfang der Datenaufnahme zu beschleunigen. Mir wurde gesagt, dass die Kodierung mit zunehmender Datenmenge schneller und besser werden würde, was (theoretisch) die Kosten bei steigendem Umfang senken würde. In Wirklichkeit war das Gegenteil der Fall, als wir in der Anfangsphase des Vertrags versuchten, den

Umfang zu erhöhen. Ich habe also ein wenig recherchiert und jemanden ausfindig gemacht, der früher in diesem Unternehmen gearbeitet hat, und er hat mir bestätigt, dass es wirklich die Menschen sind, die das System skalieren, und nicht die KI-Funktionen.

Was soll man als Führungskraft bei so vielen Fehlinformationen da draußen tun? In der Datenbranche habe ich das in den letzten zwei Jahrzehnten sehr oft erlebt. Es ist ziemlich einfach, einen tollen Artikel zu schreiben oder eine Hochglanzbroschüre zu erstellen und auf das Beste zu hoffen. Das ist eine gängige Verkaufspraxis, und je komplizierter die Technik wird, desto leichter fällt es den Softwareunternehmen, uns das sprichwörtliche Fell über die Ohren zu ziehen.

Lassen Sie uns durch den Schlamm des maschinellen Lernens und der künstlichen Intelligenz waten, um festzustellen, ob die Datenqualität einen Wert hat. Gemeinsam werden wir die Definitionen, die Realität der Branche und eine Methode zur Bewertung von KI-gesteuerter Technologie kennenlernen.

Rechte Gehirnhälfte, linke Gehirnhälfte

Ich habe darüber folgendermaßen nachgedacht. Wenn die künstliche Intelligenz die Sache ist, die die ganze

Aufmerksamkeit bekommt, die nimmt, was wir wissen, und es in Entscheidungen, Handlungen, Kunst oder Musik verwandelt, dann ist sie wie unsere rechte Gehirnhälfte. Das maschinelle Lernen nimmt die Daten und kategorisiert sie für uns, ordnet sie in Konstrukte ein, die für uns einfach zu navigieren sind. Denken Sie daran, wenn Sie etwas Neues lernen: Sie scannen zuerst, dann kategorisieren Sie, und schließlich entwickeln Sie eine neue Denkweise. Das maschinelle Lernen ist unsere linke Gehirnhälfte, die die riesige Menge an Informationen, die heute verfügbar ist, scannt und kategorisiert.

Um die Machbarkeit des Einsatzes von ML zur Verbesserung der Datenqualität in unserem Unternehmen aufzuschlüsseln, habe ich zwei Dinge getan: Ich habe bestimmt, was wir unter Datenqualität verstehen, und dann die Wissenschaft und Statistik hinter den Algorithmen des maschinellen Lernens untersucht.

Damit unsere ML-Algorithmen die Daten so trainieren können, dass sie sich verbessern, musste ich zunächst wissen, wie eine gute Datenqualität aussieht. Um dies zu verstehen, wandte ich mich an Steve Johnson, Professor an der Universität von Minnesota. Er hat sich zum Ziel gesetzt, mit Hilfe von Daten einige der größten Probleme der Welt zu lösen. Kurz nachdem er sich dieses Ziel gesetzt hatte, wurde ihm jedoch klar, dass er nicht weit kommen würde, solange die Daten nicht besser werden. Daher nahm er einen kleinen Umweg über seine ursprüngliche Mission, um klar zu definieren und zu operationalisieren, was wir mit "guter Datenqualität" (GDQ) meinen. Steve und eine Gruppe anderer Forscher arbeiten nun schon seit über zwei Jahren daran. Sie haben sich auf eine Standarduntergruppe von Elementen geeinigt, die eine gute Datenqualität ausmachen. [2]

1. Konformität: Halten sich die Datenwerte an vorgegebene Standards und Formate?
   a) Wert-Konformität
   b) Relationale Konformität
   c) Rechnerische Konformität
2. Vollständigkeit: Sind Datenwerte vorhanden?
3. Plausibilität: Sind die Datenwerte glaubhaft?
   a) Einzigartigkeits-Plausibilität
   b) Atemporale Plausibilität
   c) Temporale Plausibilität

Jede dieser Kategorien kann in Definitionen, Beispiele und Unterkategorien unterteilt werden. Obwohl dieses System ursprünglich für das Gesundheitswesen entwickelt wurde, machen einfache Änderungen an Definitionen und Beispielen deutlich, dass es auch außerhalb des Gesundheitswesens von Nutzen ist. Natürlich ist dieser Rahmen nur ein grober

---

[2] Harmonized Data Quality Terminology and Framework, (2016) Kahn et al, eGEMS.

Überblick über die mit der Datenqualität verbundenen Details. Es ist ein Rahmen, der uns hilft, am Anfang zu beginnen: Erstens, gibt es die Daten, zweitens, sind sie ähnlich strukturiert (d. h. das Format) und drittens, sind sie glaubwürdig. Man könnte argumentieren, dass diese Punkte den Kern dessen bilden, was GDQ bedeutet.

Sie stimmen gut mit den Standarddefinitionen der Datenqualität für Data Warehouses überein, die wir in Kapitel sechs besprechen:

- Vollständigkeit (Completeness)
- Einzigartigkeit (Uniqueness)
- Rechtzeitigkeit (Timeliness)
- Gültigkeit (Validity)
- Exaktheit (Accuracy)
- Konsistenz (Consistency)

ML-framework

Schauen Sie sich ein beliebiges Video über ML an oder sprechen Sie mit einem Experten auf diesem Gebiet, und er wird Ihnen erklären, wie ML funktioniert. Um diese Konzepte zu verstehen, müssen Sie vielleicht ein paar Ihrer Statistikbücher von früher zur Hand nehmen (ich hoffe, Sie haben sie nicht auf einem

Flohmarkt verkauft). ML-Algorithmen funktionieren auf drei Arten:

1. Überwachtes Lernen (Supervised Learning)
2. Unüberwachtes Lernen (Unsupervised Learning)
3. Bestärkendes Lernen (Reinforcement Learning)

Einfach ausgedrückt: Beim überwachten Lernen werden beschriftete Datensätze verwendet, um dem Algorithmus zu zeigen, was was ist. Beim unüberwachten Lernen werden unmarkierte Daten verwendet. Das Ergebnis ist ein Diagramm (z. B. eine Punktwolke), das versucht, Beziehungen zu den Daten darzustellen, wie bei der guten alten linearen Regression. Das letzte Verfahren ist das Bestärkende Lernen, das heißt, das System lernt durch Korrektur.

KI/ML in Data Governance

Da wir nun wissen, wie GDQ definiert werden kann und wir den grundlegenden Rahmen von ML verstehen, ist es meiner Meinung nach nur ein kleiner Schritt zu der Idee, dass ML zur Verbesserung der Datenqualität auf Unternehmensebene beitragen kann. Ohne eine solide und reaktionsschnelle Data Governance-Grundlage können wir jedoch schnell in Schwierigkeiten geraten, denn der Mensch muss genügend

Kontext zur Unterstützung des überwachten Lernens sowie eine wirksame Anleitung für unüberwachtes und verstärkendes Lernen bereitstellen, sonst wird die ML-Anwendung nur zu einem weiteren " unterhaltsamen" Technologieprojekt.

Einige Unternehmen, die sich mit Datenqualität beschäftigen, haben dies intuitiv verstanden und Produkte entwickelt, die die Datenqualität zu einem Teil der Arbeit eines jeden Mitarbeiters machen. Trifacta ist ein Unternehmen, das genau das versucht hat. Durch einfache, aber elegante Anwendungen von ML und eine intuitive Benutzeroberfläche hilft die Software jedem im Unternehmen, die Daten zu sehen und auf sie zu reagieren. Trifacta verwendet die Begriffe "Aktiv" und "Passiv", wobei die Aktivvariante es den Benutzern ermöglicht, Profile zu erstellen und eine "intelligente Bereinigung" vorzunehmen, um Probleme zu beheben, die im GDQ-Rahmen häufig auftreten, wie z. B. fehlende Daten und inkonsistente Datenformate. Die passive Version bietet die Möglichkeit, Daten mit Hilfe von Regeln zu überwachen, um Konsistenz zu gewährleisten. Man könnte argumentieren, dass, wenn alle Analysten in Ihrem Unternehmen diese Fähigkeit zur Verfügung hätten, die Transparenz zu einer organisatorischen Verlagerung der Verantwortung für die Datenqualität führen könnte. Dies ist ein entscheidender Schritt, um die Art und Weise, wie mit Datenqualität gearbeitet wird, zu ändern.

Datenkataloge

Jedes Jahr Ende Juli oder Anfang August kam etwas Besonderes mit der Post. Es war der Sears-Katalog. Ich wuchs in einer abgelegenen Gegend auf, in der es nur wenige Bekleidungsgeschäfte gab. Um neue Schulkleidung zu kaufen, musste ich also entweder einen Tagesausflug in die "große Stadt" machen oder mich einfach durch den Sears-Katalog träumen. Der Katalog war riesig, wahrscheinlich drei Zentimeter dick und schwer. Das ist so, als würde man die letzten drei Monate des Suchverlaufs bei Amazon ausdrucken.

Als kleines Kind habe ich mir nicht wirklich Gedanken darüber gemacht, wie viel Arbeit es war, diesen Katalog zusammenzustellen. Ich habe nicht bedacht, dass jeder Artikel in diesem Katalog wahrscheinlich aus einer anderen Quelle stammte und dass manche Artikel zwar gleich aussahen, aber ganz anders waren. Poloshirts waren damals groß im Kommen und man konnte sie in fast jeder Farbe bekommen. Ich hatte meins in Hellblau, passend zu meinen gestreiften Hosen, und warf mir dann meinen rosa Pullover um die Schultern, wobei ich die Arme vorne locker verschränkte, aber ich schweife ab. Der Punkt ist, dass die Erstellung eines Katalogs mit ähnlichen Artikeln es mir (und meiner Mutter) leicht gemacht hat, aus ähnlichen, aber unterschiedlichen Artikeln je nach unseren Anforderungen auszuwählen. Meine Nachbarin wählte ein anderes Polo, das ihren Anforderungen entsprach. Ich denke, Sie verstehen die Idee. Heute haben wir Datenkataloge, die einen einfachen Zugriff auf ähnliche, aber unterschiedliche Daten ermöglichen. Diese Datenkataloge zeigen Ihnen, woher die Daten stammen, und ermöglichen es Ihnen, je nach Ihren Anforderungen, Ihre eigenen Daten auszuwählen. Wenn ich zum Beispiel im Finanzwesen arbeite, müssen die Daten, die mich interessieren, aus der Kreditorenbuchhaltungssoftware stammen, mit der ich interagiere, und nicht aus den anderen nachgelagerten Systemen, die diese Daten verwenden. Ich werde nach den Daten oder Metriken suchen, die aus dem System stammen, das ich gewohnt bin zu benutzen. Das Gleiche gilt für so ziemlich jede andere betriebliche Funktion, die Sie sich vorstellen können.

Dies scheint ein wenig im Widerspruch zu der historischen Sichtweise von Data Governance zu stehen, bei der wir alles integrieren und bestimmte Metriken definieren, die das gesamte Unternehmen verwenden muss - aber es ist nicht das Gegenteil, sondern eine Weiterentwicklung. Da wir wissen, dass es nicht möglich ist, jeden Datenpunkt in jedem Quellsystem zu erfassen, müssen wir dem Bedürfnis unserer Endbenutzer Rechnung tragen, auf die Daten zuzugreifen, die für ihre Arbeit am wichtigsten sind. Datenkataloge bieten eine nahtlose, visuell ansprechende Möglichkeit, dies zu tun. Sie geben die Herkunft der Daten an (d. h. technische Metadaten) und viele von ihnen können auf der Grundlage von Governance-Standards geändert werden, um bestimmte Daten unterschiedlich zu gewichten. Ein Beispiel: Sie haben eine Kunden-ID und die Quelle dieser ID ist Salesforce. Da diese Kunden-ID in jedem denkbaren System in Ihrer Umgebung verwendet wird, können Sie der Salesforce-Version dieser ID eine Gewichtung zuweisen, damit der Benutzer weiß, welche ID alle nachgelagerten Prozesse gestartet hat. Dies ist ein einfaches Beispiel, aber eine wichtige Methode, um die Möglichkeiten von Datenkatalogen im Hinblick auf Data Governance zu verdeutlichen.

Datenkataloge sind ein Tool, mit dem Ihre Benutzer auf Daten zugreifen können, die für ihre Zwecke "gut genug" sind, bis sie tiefer gehende Funktionen benötigen. Der Wert dieser Produkte kann in der Ära der modernen Data Governance nicht unterschätzt werden. Wenn die Unterstützung der Benutzer bei der Nutzung der Daten heute mindestens die Hälfte des Ziels von Data Governance ausmacht, ist die Bereitstellung von Tools, mit denen die Benutzer alle Optionen sehen und auswählen können, ein guter Anfang. Das ist vielleicht alles, was einige Ihrer Benutzer jemals brauchen werden. Es hilft auch bei etwas anderem, was nicht beabsichtigt ist, aber eindeutig eine Folge davon ist. Wenn Ihre Benutzer alle Daten sehen, die ähnlich, aber nicht identisch sind, hilft ihnen das vielleicht, das schwierige Unterfangen der Datenintegration zu verstehen. Jedes dieser Systeme nutzt maschinelles Lernen und künstliche Intelligenz in unterschiedlichem Ausmaß.

Wo soll man anfangen?

Die Nachverfolgung Ihrer verstreuten Daten zur Bestimmung ihrer Qualität und Verwendbarkeit ist für einen Datenfreak eine ziemlich aufregende Sache. Ich war schon lange nicht mehr so begeistert von einer Softwarelösung. Datenkataloge bieten wirklich einen großen Nutzen für Ihre Data Governance-Bemühungen, aber wir müssen sicherstellen, dass wir das richtige Problem lösen.

Seltsamerweise traf ich mitten in diesen Recherchen die unauslöschliche Jen Underwood. Ich lernte Jen auf einer Konferenz kennen, und wir fühlten uns sofort verbunden. Glücklicherweise fand ich dann einen Artikel, den sie über die Anforderungen für den Kauf eines Datenkatalogs geschrieben hatte.

Jen's Anforderungen:

1. Automatisierte, intelligente Befüllung des Katalogs
2. Kuratierung von Tags nach dem Crowd-Sourcing-Prinzip mit Feedback durch maschinelles Lernen
3. Bewertungen und Rezensionen nach dem Crowd-Sourcing-Prinzip
4. Fähigkeit, die Aktualität von Tags und Metadaten zu gewährleisten
5. Skalierbarkeit für Unternehmen

6. Offene APIs für die Integration mit einer Vielzahl von Tools

7. Suche

8. Datenkatalog als Plattform

9. Data lineage

10. Schutz der Daten

Den gesamten Blog von Jen über ihre Anforderungen können Sie hier lesen: https://bit.ly/2jX4njn.

Ich würde Jen's Liste um einige weitere Überlegungen ergänzen:

1. Plattformsunabhängigkeit

2. Integrierte Datenvorbereitung

3. Sicherheit

4. Die allgemeine Produkt-Roadmap

5. Suche in natürlicher Sprache

Auf dem Markt gibt es eine Vielzahl von Datenkatalog-Tools. Wenn wir etwas in der Datenbranche gesehen haben, dann ist es, dass wir gerne plattformübergreifend konsolidieren. Ich würde nach einem Datenkatalog Ausschau halten, der plattformunabhängig ist, d. h. er kann Daten von überall her katalogisieren, nicht nur von den eigenen nativen Datenbanken.

Einige Kataloge integrieren die Datenvorbereitung, und das ist eine sehr überzeugende Funktion für überlastete Dateningenieure. Ich würde noch hinzufügen, dass auch die

Sicherheit auf der Liste stehen sollte. Möglicherweise ist Ihr Unternehmen zum ersten Mal in der Lage, die meisten, wenn nicht alle Ihrer Daten einzusehen. Wenn Sie nicht bereits über ein solides Sicherheitsprotokoll für die Datenbanken selbst oder für die verschiedenen Plattformen verfügen, sollten Sie prüfen, welche Zugriffsverwaltungsoptionen im Datenkatalog selbst verfügbar sind.

Wie bei jeder Softwareanschaffung sollten Sie wissen, wie es um die finanzielle Lebensfähigkeit und die langfristige Produktplanung des Anbieters bestellt ist. Sieht es so aus, als wolle er übernommen werden? Sind Sie daran interessiert?

Eine wichtige Variable, auf die wir noch nicht eingegangen sind, sind die Daten an der Quelle. Mit diesen Tools und Methoden können die Daten bearbeitet werden, sobald sie das Quellsystem verlassen haben, aber die "schlechten" Prozesse, die zu den "schlechten" Daten geführt haben, bleiben bestehen, bis sie bearbeitet werden. An dieser Stelle kann Transparenz ein wichtiger Faktor sein als die GDQ-Arbeit selbst. Datenkataloge haben diese Lücke geschlossen.

Viele Jahre lang gab es praktisch keine technologischen Hilfsmittel, die eine nahtlose Ebene über alle potenziellen Datenquellen bilden konnten. Mithilfe von ML-Funktionen können Datenkataloge Ihre Datenquellen durchforsten und eine visuelle Darstellung der Datenabfolge liefern. Das ist eine überzeugende Option.

Unabhängig davon, ob Sie die neuen Regeln für moderne Datenplattformen befolgen oder einen föderalen Ansatz für Daten bevorzugen, kann dies eine Plattform, die ansonsten unübersichtlich sein könnte, zumindest aus der Sicht des Endbenutzers gut zusammenhalten. Aber Vorsicht: In meinen Interviews und Gesprächen mit Mitarbeitern erkannten eine Reihe von führenden Analysten das Potenzial, aber auch die Fallstricke. Eine Führungskraft sagte mir: "Wenn ich das so machen würde, wie es empfohlen wird, würden sie die ganze Zeit Datenbanken durchforsten, was die Arbeit verlangsamen würde, und das mit sehr geringem Nutzen."

Es ist nur ein Tool

Unabhängig von der Technik, egal wie glänzend sie ist oder was der Verkäufer Ihnen verspricht, sollten Sie den Wert im Auge behalten. Mein Mann hat in der Garage schicke Holzbearbeitungswerkzeuge im Wert von Tausenden von Dollar. Es sind die besten Werkzeuge für ihren Zweck, aber sie verstauben genauso wie der 10-Dollar-Hammer, den ich vor über zwanzig Jahren bei Target gekauft habe. Werkzeuge sind nur so gut wie der Mensch, der sie benutzt. Die Dinge, die mit

Hilfe von Werkzeugen gebaut oder unterstützt werden, brauchen einen Geschäftszweck, um die Kosten auszugleichen. Ich habe einen wirklich schönen Tisch, den er mir gebaut hat - ich bin mir ziemlich sicher, dass er das Geld, das wir in ihn investiert haben, nicht wert ist. Sagen Sie ihm aber nicht, dass ich Ihnen das gesagt habe!

Wenn Sie wissen, dass Sie Probleme mit der Datenqualität haben, sich aber Sorgen um den ROI des Arbeitsaufwands machen (und das sollten Sie auch), kann die Schaffung eines Grundgerüsts dafür, wie die Daten aussehen (Datenprofilierung), und die gemeinsame Nutzung dieses Gerüsts auf breiter Basis (Demokratisierung) bessere Ergebnisse bringen als das Streben nach etwas Abstrakterem, zumindest am Anfang. Ich bin ein großer Anhänger von KISS. Nicht von der Band (die ist großartig!), sondern von der Abkürzung Keep It Simple Stupid (entschuldigen Sie die Nicht-PC-Version). Man sollte wissen, was man beheben oder verbessern will, bevor man Geld auf das Problem wirft. Die Implementierung von Software kann sich wie ein Fortschritt anfühlen, bis Ihnen jemand auf die Schulter klopft und Sie fragt, welchen Nutzen Sie aus der getätigten Investition gezogen haben. Letztendlich müssen Sie eine technische Methode zur Verbesserung der Datenqualität finden, und ich glaube wirklich, dass ML und damit verbundene Produkte der Weg in die Zukunft sind. Aber manchmal ist es besser, dort anzufangen, wo es wirklich hakt.

Datenqualitäts-Dashboard

Wenn Sie Ihre Daten als eine Wertschöpfungskette betrachten, ist das schwächste Bindeglied eine schlechte Datenqualität. Die Herausforderung der Datenqualität hat viele Gesichter. Das ist einer der Gründe, warum jedes Unternehmen, mit dem ich je gesprochen habe, danach gefragt hat, wie man die Datenqualität verbessern kann. Dabei spielt es keine Rolle, ob das Unternehmen bereits seit Jahren Analysen durchführt oder gerade erst mit der Analyse begonnen hat. Die Datenqualität ist zu unserer Achillesferse geworden. Nun sind Data Governance und Datenqualität nicht dasselbe, aber wie ich bereits in einem früheren Kapitel sagte, gibt es keine Data Governance ohne Datenqualität und keine Datenqualität ohne Data Governance. Sie müssen in einer symbiotischen Beziehung zueinander stehen.

Ein Teil der Aufgabe von Data Governance besteht darin, die wichtigsten Kennzahlen für das Unternehmen zu ermitteln, sie zu definieren und sicherzustellen, dass sie eine gute Datenqualität aufweisen. Das ist nicht alles, was die Governance leistet, aber ein wichtiger Teil. Unsere Führungskräfte sollten eine Handvoll Kennzahlen im Blick haben, die sie zur Steuerung des Unternehmens verwenden. Es bedarf einer gewissen Disziplin, um auf weniger als fünfzehn Messgrößen zu kommen (Extrapunkte für zehn). Sobald Sie dieses Ziel erreicht haben, sollten Sie ein Dashboard für die Datenqualität erstellen, das auf einer Übersichtsseite zeigt, wie "gut" die Daten für die integrierte Kennzahl sind. Zur Verdeutlichung: Eine Kennzahl erfordert normalerweise einen Zähler und einen Nenner. Das Dashboard zeigt die Kennzahl als Verhältnis an, und eine separate Registerkarte sollte unbedingt den Zähler und den Nenner enthalten. Im Gesundheitswesen gibt es beispielsweise eine Kennzahl pro Mitglied und Monat, die im Wesentlichen eine Aufschlüsselung der Kosten für ein Mitglied (jemand, der an einem Gesundheitsplan teilnimmt) darstellt. Unser Dashboard sollte diese Kennzahl für diesen Monat anzeigen, vielleicht eine Sparkline, um den Verlauf dieser Kennzahl zu zeigen, und auf der zweiten Registerkarte sollten auch die Mitgliederzahlen pro Monat zusammen mit den Kosten angezeigt werden. Sie sollten in der Lage sein, die Veränderung der Kennzahl im Laufe der Zeit leicht zu erkennen. Wenn es sich um eine sehr stabile Kennzahl handelt, ist ein Verlaufsdiagramm eine hervorragende visuelle Darstellung. Es gibt auch farbbasierte Beispiele, bei denen sich die Kennzahl in Rot-/Gelb-/Grüntönen verfärbt, wenn sie sich zwischen den erwarteten Bereichen bewegt.

Die erwarteten Bereiche für diese zehn bis fünfzehn Metriken sollten bekannt sein. Diese Art von Datenqualitäts-Dashboard steht am Ende Ihrer Datenfabrik, wenn Sie so wollen. Der Datenkatalog überwacht die Datenqualität des Rohmaterials; er zeigt Ihren Endnutzern die Qualität des Endergebnisses Ihrer Bemühungen. Wenn der Datenkatalog zeigt, dass es mit den

Rohdaten bergab geht, spiegelt sich das natürlich auch im Dashboard für die Datenqualität wider. Dieses Dashboard ist für den Durchschnittsnutzer oder sogar eine Führungskraft gedacht, nicht für einen Analysten. Es sorgt für Transparenz und zeigt, dass Sie wissen, wie wichtig die Datenqualität für Ihr Unternehmen ist. Es ist wie ein Stempel für Qualität oder Frische.

Der Hauptgedanke dabei ist, dass es keine Überraschungen bei den Daten gibt, die mit den Schlüsselkennzahlen Ihres Unternehmens verbunden sind; machen Sie es richtig! Sie können nicht bei allen Daten über dieses Wissen verfügen, und nicht alle Daten rechtfertigen die Zeit und die Kosten, die mit dieser Arbeit verbunden sind. Dies erfordert Disziplin und die Einsicht, dass nicht alle Daten gleich sind.

Zusammenfassung

Erstens ist die Technologie nur ein Hilfsmittel. Sie kann weder schlechte Prozesse noch menschliche Probleme beheben. Vergewissern Sie sich, dass Sie genau wissen, was die Technologie für Ihr Unternehmen bewirken soll und dass sich die Investition auch wirklich lohnt. Zweitens: Datenkataloge haben viele Vorteile. Ich glaube zwar immer noch nicht, dass es die erste Maßnahme ist, die Sie ergreifen sollten, aber zum allerersten Mal haben Sie einen Überblick über die Daten in unterschiedlichen Systemen. Das ist zu verlockend, um es zu ignorieren. Wählen Sie die Anforderungen aus, die gut zu den Vorstellungen Ihres Unternehmens von Data Governance und Datenqualität passen. Beginnen Sie klein mit einem POC- oder Pilotprojekt. Drittens: Datenqualität ist das Ergebnis solider Data Governance-Prozesse. Wie ich bereits in diesem Buch erwähnt habe, müssen Sie sich neben der Technik auch mit den Menschen, den Prozessen und der Kultur befassen. Aber wenn Sie das tun, wird eine hervorragende Datenqualität das Ergebnis sein.

KAPITEL 4

Datenkultur und Change Management

Es ist an der Zeit, über das offensichtliche zu sprechen. Es gibt ein berühmtes Sprichwort, das ungefähr so lautet: "Die Kultur frisst die Strategie zum Frühstück." Mit anderen Worten: Sie können den besten Plan der Welt haben, aber wenn Sie die Unternehmenskultur nicht berücksichtigen, sind alle Hoffnungen dahin. Als ich für dieses Buch Interviews führte, sagte ein führender Analyst: "Manchmal scheint es, dass die Kultur die Logik außer Kraft setzt." Das ist ein trauriges Eingeständnis für die Realität der Bemühungen.

Ich habe es schon einmal gesagt, aber es lohnt sich zu wiederholen: Diese Programme sind wie ein Ökosystem, und die Kultur ist die Luft, die wir atmen. Man kann so tun, als gäbe es die Kultur nicht, man kann so tun, als sei sie unwichtig, man kann den Atem anhalten und darauf warten, dass sie sich ändert, aber irgendwann wird man die Konsequenzen spüren.

Von allen Dingen, die eine Data Governance-Initiative zum Scheitern bringen können, steht für mich außer Frage, dass die Kultur einer Organisation der Hauptanwärter ist - selbst bei den besten Absichten und Methoden. Die mangelnde Bereitschaft, sich auf Veränderungen einzulassen, eine auf Hindernisse fokussierte Sichtweise und die Heldenmentalität - all das (und mehr) wird Sie ersticken.

Disruption

Wir brauchen eine verstärkte Nutzung der Daten, denn wir waren uns einig, dass es auf die Nutzung ankommt. Aber die Nutzung macht auch vielen Datenexperten und Führungskräften Angst. Wir stören diese Data Governance-Bemühungen, was ein effektives Änderungsmanagement erfordert.

Wir disruptieren Data Governance ganz bewusst, denn die meisten Unternehmen können mit herkömmlichen Implementierungen bei der heutigen Datenmenge nicht mehr mithalten. Disruption bedeutet jedoch nicht, dass sie schlecht durchdacht oder unsachgemäß durchgeführt wurde.

Und es geht nicht nur um die Daten, sondern auch um die Geschwindigkeit, mit der die meisten Unternehmen heute arbeiten müssen. Unternehmen haben nicht mehr Monate Zeit, um eine Umstellung in Betracht zu ziehen, wenn ihre Konkurrenten dies innerhalb von Wochen oder Tagen tun können. Jeden Tag kommt es zu disruptiven Veränderungen in den Geschäftsmodellen. Unsere Führungskräfte stehen unter einem enormen Druck, die richtigen Entscheidungen zu treffen, und Daten können ihnen dabei helfen. Die Geschwindigkeit, mit der Unternehmen prüfen, abwägen und umstellen müssen, bedeutet, dass wir in unserem Ansatz flüssig und dynamisch bleiben müssen. Starrheit in der Herangehensweise führt zu kritischen Fehlern. Aus diesem Grund können sich Flugzeugflügel biegen und Palmen Orkanen standhalten. Unsere Governance-Strukturen müssen die Art und Weise widerspiegeln, wie wir heute Geschäfte machen; sie müssen genug Integrität bieten, um sich zu biegen, aber nicht zu brechen.

Was ist Kultur und warum ist Sie wichtig?

Während der Arbeit an diesem Buch nahm ich an einer Diskussionsrunde zum Thema "Eine Veränderung herbeiführen, die anhält" teil. Die erste Frage, die der Moderator der Runde stellte, lautete: "Was ist Kultur?", denn natürlich muss man das, was man verändern will, erst einmal definieren, bevor man es verändern kann. Alle Diskussionsteilnehmer gaben Antworten, die sich zielführend anfühlten, indem sie den ungreifbaren Aspekt der Frage herausstellten und erklärten, dass es dabei um Verhaltensweisen und Werte geht.

"Organisationskultur ist ein System gemeinsamer Annahmen, Werte und Überzeugungen, das das Verhalten der Menschen in Organisationen bestimmt. Diese gemeinsamen Werte haben einen starken Einfluss auf die Menschen in der Organisation und diktieren, wie sie sich kleiden, verhalten und ihre Aufgaben erfüllen. Jede Organisation entwickelt und pflegt eine einzigartige Kultur, die Richtlinien und Grenzen für das Verhalten der Mitglieder der Organisation vorgibt."[3]

Die Kultur ist wichtig, weil sie im wahrsten Sinne des Wortes definiert und der Organisation und ihren Mitarbeitern vorgibt, was angemessen ist und was nicht. Sie ist der Rahmen, an dem alle anderen Dinge gemessen werden. In vielerlei Hinsicht ist sie nicht greifbar oder für Außenstehende schwer zu vermitteln. Eine meiner Lieblingsfragen bei einem Vorstellungsgespräch mit einer Organisation ist die Frage, wie sie ihre Kultur beschreiben. Ich achte auf zwei Dinge, die für mich gleichermaßen wichtig sind: die Fähigkeit, die Frage zu beantworten (unabhängig davon, ob mir die Antwort gefällt), und die Antwort selbst.

Wenn die Person, mit der ich ein Vorstellungsgespräch führe, in der Lage ist, diese Frage schnell und selbstbewusst zu beantworten, bedeutet dies wahrscheinlich, dass sie sehr wohl versteht, wie wichtig und relevant Kultur ist. Es bedeutet, dass sie genug darüber nachgedacht haben, um es in Worte zu fassen.

---

[3] https://bit.ly/2KUq4Kr.

Sie würden sich wundern, wie oft ich Antworten bekomme wie "Nun, ich bin mir nicht sicher, wie ich es beschreiben würde" oder "Das ist wirklich schwer zu tun". Meistens sind es die technischen Leiter, denen es am schwersten fällt, die Frage nach der Kultur zu beantworten. Denken Sie einmal darüber nach: Die Abteilung, die für die Einführung von mehr umwälzenden Veränderungen verantwortlich ist als jede andere, kann die Kultur nicht klar formulieren. Das, was man nicht artikulieren kann, ist das, was einem am Ende zum Verhängnis wird.

Ein weiterer wichtiger Punkt ist für mich die Art und Weise, wie sie die Frage beantworten. Ich achte bei einem Unternehmen, mit dem ich zusammenarbeite, auf eine Reihe von Eigenschaften. Ihre Bereitschaft und Offenheit für Veränderungen, Partnerschaft, eine Mentalität, bei der der Mensch im Mittelpunkt steht (sowohl bei den Mitarbeitern als auch bei den Kunden), und das gewisse Etwas, ein "it"-Faktor, wenn Sie so wollen. Ja, der ist nicht greifbar, aber er ist nicht greifbar, weil er für jeden anders ist.

Hier ein gutes Beispiel: Kürzlich kontaktierte mich ein mittelständisches Beratungsunternehmen, das in die Datenbranche einsteigen wollte. Sie wollten wissen, wie Datenpraktiken für sie aussehen könnten. Solche Anrufe erhalte ich häufig; jeder will in der Datenbranche tätig sein. Wir sind endlich die coolen Kids! Ich komme an einem sonnigen Donnerstagmorgen in legerer Business-Kleidung an. Ich werde von einem iPad, einer Empfangsdame und einem Hund namens Max begrüßt. Im Empfangsbereich stehen trendige Stühle schief um einen Couchtisch aus Echtholz und eine Sputnik-Leuchte baumelt von der gewölbten Decke. Glaswände, ähnlich denen im Zoo, verhindern, dass ich das Gespräch im Konferenzraum zu meiner Linken mitbekomme.

Nach ein paar Minuten begrüßt mich ein großer Herr mit einem freundlichen Lächeln, und wir machen einen kurzen Rundgang durch die Einrichtung. Sie sind wirklich stolz darauf, wie er mir erzählt. Ein paar Dinge fallen mir auf: Hundebetten unter Stehpulten, funkelnde Lichter, Regenschirme, Star Wars und andere Nerd-Utensilien überall, und (was für mich am wichtigsten ist) keine Wände. Keine. Alle hatten winzige Schreibtische, die miteinander verbunden waren. Ihre Kultur flüsterte nicht, sie schrie. Sie war in jede Ecke des Gebäudes eingebettet.

Das ist es, was ich mit dem "Es"-Faktor meine. Für mich als Frau im fortgeschrittenen Alter war die Umgebung nicht gerade einladend, aber das ist nur meine Sichtweise. Ich bin bereit zu wetten, dass ein Mann in den Dreißigern es ganz anders gesehen hätte - und zwar absichtlich. Ihre Kultur ist die Art und Weise, wie Sie sich der Welt um Sie herum präsentieren und sie anziehen. Sie lockt Gleichgesinnte an und ist entweder der fruchtbare oder der verödete Boden, auf dem Sie jetzt Ihre Saat der Veränderung ausstreuen.

Datenkultur

In meinem zweiten Buch "Data-Driven Healthcare" postuliere ich, dass "Data-Driven bedeutet, dass Informationen konsumierbar und kontextbezogen sein müssen, um Handlungen zu fördern, die das Verhalten im Laufe der Zeit verändern". Ich denke, diese Definition hat sich bewährt und gilt auch für Data Governance. Wenn Sie das Verhalten nicht anhand der Daten ändern können, was machen Sie dann mit ihnen? Die Umstellung Ihres Unternehmens von einer aus dem Bauch heraus gesteuerten Entscheidungsfindung auf datengesteuerte Entscheidungen erfordert einen vielschichtigen Ansatz. Dazu muss Ihr Unternehmen eine Datenkultur entwickeln.

McKinsey hat sieben Grundsätze für eine gesunde Datenkultur aufgestellt. Hätte ich sie nicht erst gefunden, nachdem der größte Teil des Inhalts für dieses Buch geschrieben war, hätte ich sie großzügiger zitiert. In dem Artikel werden viele der Dinge dargestellt, die in diesem Buch behandelt werden, einschließlich der Notwendigkeit, die Menschen an die erste Stelle zu setzen, das mit der Arbeit verbundene Risiko anzuerkennen, die Notwendigkeit, die Daten in die Öffentlichkeit zu bringen, und viele andere treffende Grundsätze für die Schaffung einer Datenkultur.

Datenkulturen, in denen diese Grundsätze zum Tragen kommen, sind eigentlich ziemlich selten. Wenn es sie gibt, werden sie in der Regel mit viel Presse, Auszeichnungen, Artikeln usw. bedacht. Aber die große Mehrheit der Unternehmen, mit denen ich im Laufe der Jahre zusammengearbeitet habe, hatte vielleicht ein paar dieser Prinzipien - ich kann mich an kein einziges erinnern, das sie alle hatte. Ich erzähle Ihnen das, weil es wichtig ist, zu verstehen, dass Sie als Datenverantwortlicher in Ihrem Unternehmen wahrscheinlich nicht so weit zurückliegen, wie Sie denken. Solange ich als Berater tätig bin, war ich auch ein Mitarbeiter, der diese Bemühungen leitete, und ich kenne den Druck, in dem Sie sich befinden. Der ständige Trommelwirbel von "wir brauchen mehr Daten" und "ihr seid zu langsam" wird nur durch "die Daten sind falsch" und "wie schwer kann das sein?" unterbrochen. Selbst wenn man ein positiver Mensch ist, ist es schwer, nicht frustriert zu sein von all den Neinsagern und ungestümen Verfechtern der Entlassung.

Wir haben das Thema "Datenkultur" viel zu lange auf die lange Bank geschoben, weil wir es für unwichtig hielten. Diese hauchdünnen Fäden, die wir in Unternehmen weben, können so schnell ausfransen, wenn eine Person das Unternehmen verlässt oder eine neue Führungskraft entscheidet, dass Daten eine Ware sind (machen Sie sich Sorgen, wenn eine Führungskraft Ihnen das sagt). Die Schaffung einer Datenkultur ist eine Aufgabe des Veränderungsmanagements, die ein durchdachtes, gründliches und konsequentes Management erfordert.

Es ist persönlich

Es ist von größter Bedeutung, dass Sie erkennen, wie persönlich dies für Ihr Team ist. Arbeit ist etwas Persönliches, und jeder, der das Gegenteil behauptet, ist auf der Suche nach dem einfachsten Weg. Sie ist persönlich, weil wir damit unsere Zeit verbringen, unsere wertvollste, nicht erneuerbare Ressource. Verstehen Sie mich nicht falsch, wir sind eine fleißige Spezies, wir sind gerne beschäftigt, aber wir haben auch andere Möglichkeiten. Es gibt viele verschiedene Gründe, warum sich Ihr Team für Ihr Unternehmen entschieden hat, aber Tatsache ist: Wenn es hart auf hart kommt, ist es für sie persönlich, und jede Veränderung wird ein hohes Maß an Leid verursachen.

Es sollte auch für Sie persönlich sein. Warum sind Sie der Wegbereiter für diese Veränderung? Gehen Sie in sich und stellen Sie sicher, dass Sie dies aus den richtigen Gründen tun und nicht, weil es Ihnen aufgetragen wurde oder weil Sie gerne etwas in die Luft jagen und sehen, wo es landet (ich gebe zu, dass ich oft in letzteres Lager falle). Man muss bereit sein anzuerkennen, dass es sich um eine persönliche Aufgabe handelt, und sich die Zeit nehmen, die Auswirkungen der Veränderung zu planen und zu bewältigen. Wenn Sie dazu nicht bereit sind, dann hören Sie hier auf. Legen Sie das Buch weg und machen Sie mit Ihrem Tag weiter. Ohne dieses persönliche Engagement wird es nicht funktionieren.

Wenn Sie dazu bereit sind, lassen Sie uns mit einer kurzen Übung beginnen, die Sie dazu anregen soll, über Ihre Organisation und deren Bereitschaft für Veränderungen nachzudenken. Ich möchte, dass Sie die Probleme benennen, die Sie in Ihrer Kultur sehen. Dabei geht es nicht um richtig oder falsch, sondern nur um eine persönliche Sichtweise, die auf Ihren Erfahrungen beruht. Sie müssen kein Experte in Sachen Veränderung sein, um zu wissen, welche Herausforderungen auf Sie zukommen werden; Sie müssen nur ein gewisses Bewusstsein dafür haben. In vielen Unternehmen, die versuchen, Datenbestände bereitzustellen, herrscht beispielsweise eine "Heldenkultur", in der die Analysten verrückte Dinge tun, um Fragen so schnell wie möglich zu beantworten. Auch wenn sich das für die Helden im Moment gut anfühlt, führt es oft zu Szenarien, die nicht skalierbar oder wartbar sind - und Ihre Helden sind in kurzer Zeit hoffnungslos überlastet. Vielleicht haben Sie ein Zögern bei der Übernahme neuer Änderungen festgestellt, sei es auf Führungsebene oder auf der Ebene einzelner Mitarbeiter. Wo auch immer die Ursache liegt, die mangelnde Bereitschaft zur Veränderung ist ein Problem. Nehmen Sie sich etwas Zeit, um die Organisation zu durchforsten und zu ermitteln, wo Sie Probleme sehen, und dokumentieren Sie diese.

Vor Jahren begann ich zu erkennen, welche Auswirkungen die Kultur und die Unfähigkeit, Veränderungen zu bewältigen, auf meine Kunden haben. Ich übernahm einen Fragebogen, der in der Zeitschrift Fortune veröffentlicht wurde, einen Artikel von Thomas Stewart aus dem Jahr 1994. Er hatte siebzehn Schlüsselelemente identifiziert, um die Bereitschaft einer Organisation für Veränderungen zu bestimmen. Ich verwendete diesen Fragebogen in Verbindung mit einem Reifegradmodell für die Analytics, um herauszufinden, was wahrscheinlich die größten Probleme meiner Kunden beim Übergang von Entscheidungen aus dem Bauch heraus zu Entscheidungen auf der Grundlage von Daten sein würden. Organisationen mit großen kulturellen Problemen waren immer diejenigen, denen es schwerfiel, sich durchzusetzen.

Die Experte nehmen Stellung

Jeder Rahmen hat seinen Wert, denn er bietet einen Ausgangspunkt, aber er sagt nicht, was als Nächstes zu tun ist oder wie man die Arbeit in überschaubare Schritte zerlegen kann. Dafür suchen wir Leute, die sich beruflich mit Change Management beschäftigen.

Es gibt eine enorme Anzahl von Ressourcen zu diesem Thema, also musste ich etwas aus dem Rauschen herausfiltern. Zu diesem Zweck habe ich mich an Dan Olson gewandt. Dan Olson ist ein altgedienter Change Agent und Vermittler von überzeugenden Erkenntnissen. Er brachte es schnell auf den

Punkt, indem er behauptete, dass es bei jeder Veränderung darum geht, die Nutzung und Akzeptanz zu erhöhen. In Bezug auf Daten lässt sich das natürlich leicht mit Systemen, Software oder Datenbeständen selbst gleichsetzen.

Da wir wissen, dass es bei Veränderungen in erster Linie um die Menschen im Unternehmen geht, müssen wir zunächst ihre Perspektive verstehen. Dan sagte, er beginne oft mit einer Empathiekarte, ein Begriff, von dem ich noch nie gehört hatte.

Nach einer kurzen Internetrecherche fand ich heraus, dass Empathiekarten eine Weiterentwicklung von User Personas sind, Arbeitstypen, die schon vor Jahrzehnten im Webdesign verwendet wurden. Heute werden sie häufig auch in agilen Methoden verwendet, so dass sie einen hervorragenden Ausgangspunkt für uns darstellen. Empathiekarten zeigen kurz auf, was ein Benutzer oder Stakeholder in unserem Veränderungsprojekt denken, fühlen, tun oder sagen könnte. Mit anderen Worten, wir versetzen uns ein wenig in ihre Lage. Hier ist eine Empathiekarte:

Sprich: Idealerweise verwenden Sie aktuelle Zitate von Menschen, die zu diesem Thema gehören.	Überlegen: Was denken sie über die bevorstehende Veränderung?
Tun: Was beobachten Sie an ihrem Verhalten?	Fühlen: Welche Ängste könnte die Person vor der Veränderung haben?

Natürlich ist es unrealistisch, für jede Person in Ihrem Unternehmen eine Empathiekarte zu erstellen (bei einem Unternehmen mit dreißig Mitarbeitern können Sie es vielleicht versuchen), also nehmen Sie zunächst die Liste der Probleme, die Sie zu Beginn ermittelt haben, und erstellen Sie Themen. Verwenden Sie dann diese Themen, um Empathiekarten zu erstellen. Lassen Sie uns zum Beispiel eine Empathiekarte für die Personen mit "Heldenmentalität" erstellen:

Sprich: "Ich biete den Leuten, die nach den Daten fragen, einen hervorragenden Kundendienst. Ich brauche Sie nicht, um Dinge zu verbessern, denn ich mache bereits einen großartigen Job, fragen Sie sie einfach!"	Überlegen: Das ist unnötig. Ich habe diese Art von Projekten schon einmal gemacht, und sie scheitern immer, und dann muss ich die Scherben aufsammeln.
Tun: Zögern, Vermeiden, offenes Ausweichen.	Fühlen: Was passiert, wenn das funktioniert und sich mein Job völlig verändert? Darauf bin ich nicht vorbereitet. Ich bin mir nicht sicher, ob ich die Fähigkeiten habe, mich an die Veränderung anzupassen. Vielleicht muss ich mir einen anderen Job suchen.

Die Bedeutung der Empathiekarten liegt nicht in der Korrektheit und schon gar nicht in der Beurteilung, sondern im Gewahrsein. Es wird die Probleme ans Licht bringen, die Sie wahrscheinlich sehen werden, wenn Sie den Weg des Wandels beschreiten.

Eine andere Art, darüber nachzudenken, und eine, die ich in Organisationen gesehen habe, ist das Modell "Kopf, Herz, Hände". Wie die Empathiekarten konzentriert es sich auf die Menschen, die von der Veränderung betroffen sind, und es funktioniert nur, wenn Sie alle drei ansprechen: den Kopf (Denken oder Rationalität), das Herz (Fühlen) und die Hände (Verhalten). Das am weitesten verbreitete und scheinbar gut angenommene Veränderungsmodell ist ADKAR: Awareness, Desire, Knowledge, Ability, and Reinforcement. Ursprünglich von Jeff Hiatt, dem Gründer von Prosci, entwickelt, zeigt es schnell die fünf Prinzipien auf, die Unternehmen berücksichtigen müssen, bevor sie mit dem Veränderungsmanagement beginnen. Eines der Dinge, die ich am ADKAR-Modell schätze, ist sein Ansatz "Weg vor Ziel". Viele der Veränderungsbemühungen, die ich erlebt habe, konzentrieren sich zu sehr auf die Kommunikation der Veränderung und zu wenig auf den Prozess oder darauf, wie sich die Veränderung im Laufe der Zeit verändert. Jede dieser Methoden ist ein hervorragender Ausgangspunkt, um sich selbst und Ihr Veränderungsteam daran zu erinnern, dass es bei der Umstellung von Data Governance um die Menschen geht, und dass die Menschen im Mittelpunkt stehen müssen.

Im weiteren Verlauf meines Gesprächs mit Dan stellte ich eine Frage zum Wandel selbst, zum Tempo und zur Allgegenwärtigkeit des Wandels. Mit einem Echo der Klarheit erklärte Dan einfach: "Den Unternehmen fehlt die menschliche Komponente in der Geschwindigkeit des Geschäfts. Ich dachte über all die Male nach, in denen ich an Veränderungsmaßnahmen gearbeitet habe, und über all die Unternehmen, die ich im Laufe der Jahre gesehen habe, und mir wurde klar, dass ich noch nie erlebt habe, dass Veränderungsmaßnahmen gut durchgeführt wurden. Sicher, einige sind besser gelungen als andere, aber umfassende Veränderungsmaßnahmen, insbesondere solche, die die Unternehmenskultur im Kern treffen, sind außerordentlich schwierig. Ich vermute, das liegt daran, dass es so viel einfacher ist, sich auf die Punkte zu konzentrieren, die man von seiner Projektliste abhaken kann. Es ist leicht, Aufgaben im Zusammenhang mit der Technologie abzuhaken. Man kann Server online stellen, Software installieren, Software ändern und mit obskuren Kontrollkästchen in der Software herumspielen, bis die Kühe nach Hause kommen. Es fühlt sich wie ein Fortschritt an, und mit traditionellen Wasserfalltechniken sieht es auch wie ein Fortschritt aus. Das Problem ist nur, dass die eigentliche Arbeit nicht darin besteht, und dass Sie damit auch keinen Erfolg haben werden. Es ist einfach nur ein Hin- und Herschieben der Dose auf der Straße.

"Jeder bringt emotionalen Ballast mit, der nicht in das Handgepäckfach passt."

Dan Olson

Die chaotische Mitte

Natürlich geht es beim Change Management zu einem großen Teil um Kommunikation, darum, wie und wann man sie betreibt. Die Herausforderungen, die mit der Kommunikation verbunden sind, sind je nach Ihrer Rolle im Unternehmen unterschiedlich. Wenn Sie sich Ihr Unternehmen als Dreieck vorstellen, stehen ganz oben die Führungskräfte. Dann folgen die mittleren Manager und schließlich, ganz unten, die einzelnen Mitarbeiter. Als Führungskraft, die für Tausende von Mitarbeitern verantwortlich ist, sieht die Kommunikation und Kaskadierung anders aus und fühlt sich auch anders an als bei einem mittleren Manager, der für zwei Mitarbeiter verantwortlich ist. Interessant ist, dass es auch auf der Ebene der einzelnen Mitarbeiter einen Kommunikationsaufwand gibt, der oft ignoriert wird. Was sagen die einzelnen Mitarbeiter zueinander, wenn die Führungskräfte und Manager mit der Vermittlung der Botschaft fertig sind? Dies ist ein wichtiger Teil des Puzzles, der, wenn er ignoriert wird, zu Unzufriedenheit und Ängsten führen kann, wenn er nicht gemanagt wird. Der beste

Gesprächspartner ist der mittlere Manager, der auch in der Lage ist, den Führungskräften zu helfen, zu verstehen, was auf der Ebene der einzelnen Mitarbeiter gesagt wird. Vor allem dann, wenn dieses "Water-Cooler"-Gespräch erhebliche Auswirkungen auf die Veränderungsbemühungen hat. In bestimmten Kulturen ist das allerdings nicht immer einfach.

Ich erinnere mich an eine Zeit, in der ich als mittlerer Manager in einem Unternehmen tätig war, das in kurzer Zeit enorme Veränderungen durchlaufen hatte. Es gab eine große Fluktuation unter den Führungskräften, schlechte Publicity und einen schlecht gemanagten Personalabbau. Die Mitarbeiter waren verärgert, frustriert und verängstigt. Die Führungskräfte riefen alle Führungskräfte zusammen und versuchten, so viele Fragen wie möglich zu beantworten. Während einer Podiumsdiskussion im Stil einer Townhall wurde eine Frage aus dem Publikum gestellt, die nicht gestellt wurde: "Wie kann ich Ihnen vertrauen, wenn ich das schon einmal gehört habe und sich nichts geändert hat?" Das war zweifellos die Frage, die alle beschäftigte, und zum Glück war jemand mutig genug, sie zu stellen. Leider ist diese Frage auch sehr schwer zu beantworten, wenn sie einen unvorbereitet trifft. Das ist die Situation, in der sich viele Unternehmen heute befinden, und Führungskräfte müssen darauf vorbereitet sein, auf schwierige Fragen und Bedenken mit mehr als nur dem üblichen Futter zu antworten. Wenn ich mich daran erinnere, wie die Führungskraft in dieser speziellen Situation antwortete: "Ich würde das gerne beantworten, aber wir haben keine Zeit mehr". Ich glaube, ich muss nicht näher darauf eingehen, wie das bei den Mitarbeitern im Raum ankam und welche Auswirkungen die anschließenden Gespräche in der Kaffeeküche hatten.

Merkmale einer gut gemachten Arbeit

Ich bin immer auf der Suche nach messbaren Erfolgsindikatoren. Diejenigen, die zweifelsfrei zeigen, dass Sie das getan haben, was Sie versprochen haben. Manchmal sind die Ergebnisse so offensichtlich, dass es nicht so wichtig ist, die Daten zu zeigen, aber ich möchte trotzdem vorbereitet sein. Wenn es um Change Management geht, hat sich ein Teil von mir gefragt, ob unwiderlegbare Erfolgskennzahlen überhaupt möglich sind. Meine letzte Frage an Dan lautete also: Woher wissen Sie, wann Sie erfolgreich sind?

Die Berechnung erwies sich als ziemlich einfach. Man beginnt mit den Gesamtausgaben des Unternehmens für die Initiative. Wenn Sie beispielsweise ein großes neues System wie ein CRM-Tool (Customer Relationship Management) oder eine elektronische Patientenakte (EHR) einführen, gehen diese Systeme leicht in die Millionen. Dann bestimmen Sie, wie in unserem Beispiel, wie viel vom Erfolg der Initiative von der Nutzung und Akzeptanz des Systems abhängt. Das sieht dann in etwa so aus: Wenn die Implementierung des neuen Systems die Organisation eine Million Dollar kostet und Ihr Ziel eine achtzigprozentige Akzeptanz ist, bedeutet das, dass 800.000 Dollar auf dem Spiel stehen. So gesehen sind selbst fünf Prozent des Budgets für das Änderungsmanagement - in diesem Fall 50.000 Dollar - ein geringer Preis.

Das Markenzeichen einer erfolgreichen Veränderungsmaßnahme ist ein tatsächlicher Veränderungsplan. Als Dan dies mit mir teilte, hatte ich einen "Na klar!"-Moment. In der Tat wird dies durch die von Prosci gesammelten Daten untermauert. Laut ihrer Website "...ist die Wahrscheinlichkeit, dass Initiativen mit hervorragendem Change Management ihre Ziele erreichen, sechsmal höher als bei Initiativen mit schlechtem Change Management." Darüber hinaus erhöht sich die Wahrscheinlichkeit, das Ziel zu erreichen, um das Dreifache, wenn man von einem schlechten zu einem angemessenen Change Management übergeht!

Die Arbeit des Veränderungsbeauftragten beginnt mit den Menschen, die bereit sind, die schwierigen Fragen zu beantworten, die Botschaften zu vermitteln und zu kaskadieren, und das ist die Arbeit des Veränderungsbeauftragten. Dann muss man am nächsten Morgen aufstehen und es wieder tun, und wieder. Darin liegt die eigentliche Anstrengung. Wenn das Erfolgskriterium für eine Veränderungsmaßnahme darin besteht, ob Sie eine Veränderungsmaßnahme geplant haben oder nicht, dann ist es wohl an der Zeit, dass wir mit der Planung dieser Arbeit beginnen, meinen Sie nicht auch? Wenn Sie glauben, dass Sie diesen Job angenommen haben, weil Sie Daten mögen und Ihre Tage mit deren Analyse verbringen wollen, dann ist Data Governance vielleicht nicht das Richtige für Sie. Dies ist ein Job als Change Agent, schlicht und einfach.

Einfach kompliziert

Wir haben entschieden, dass eine Disruption der Data Governance etwas ist, was wir tun müssen. Nachdem wir uns über die Menschen, die Technologie und die Prozesse Gedanken gemacht haben, sollten wir bereit sein, anzufangen, oder? Unterschätzen wir nicht, wie schwierig es für Datenverantwortliche sein kann, anzuerkennen, dass die meiste Data Governance-Arbeit im Rahmen der fließenden Kunst des Change Management stattfindet. Wir mögen ausgewogene Gleichungen, verlässliche Antworten und konsistente Methoden - und doch sind wir hier.

Nachdem ich mit so vielen Kunden zusammengearbeitet habe, überraschen mich ihre Reaktionen auf den Übergang zu einer datengesteuerten Kultur selten. Einmal sagte mir eine Herzchirurgin, dass sie meine Arbeit nicht verstehen könne, weil sie ihr so schwer falle. Zuerst dachte ich, sie mache einen Scherz, aber das war nicht der Fall. Glauben Sie mir, eine Herzoperation ist schwieriger und es steht viel mehr auf dem Spiel, aber die Vorstellung, dass Daten und insbesondere Data Governance fast zu kompliziert sind, um sie zu bewältigen, ist eine häufige Reaktion. Einstein wird das Zitat zugeschrieben: Jeder Idiot kann etwas kompliziert machen. Es braucht ein Genie, um es einfach zu machen. Ich bin kein Genie (es sei denn, Sie fragen meinen Vater), aber ich war neugierig auf das Kontinuum der Komplexität. Gibt es Hebel, die eine Aufgabe von schwierig zu kompliziert zu komplex machen? Es hat sich herausgestellt, dass es so etwas gibt. In dem Buch "Es ist nicht kompliziert" schlüsselt der Autor Rick Nason diese Unterschiede auf, um Führungskräften bei der Bewältigung größerer Probleme zu helfen. Zusammenfassend lässt sich sagen, dass der Unterschied zwischen einer komplizierten und einer komplexen Aufgabe darin besteht, ob die einzelnen Teile der Aufgabe auf logische Weise aufgeteilt und bearbeitet werden können oder nicht. Was mir bei Nason besonders gut gefallen hat, ist der Gedanke, dass wir darüber nachdenken müssen, wie wir große Probleme managen können, nicht wie wir sie lösen. Wir werden Data Governance niemals "lösen". Es handelt sich nicht um eine einmalige Aufgabe, aber sie kann in mundgerechte Maßnahmen aufgeteilt werden und muss daher nicht komplex sein.

Fast alle Datenarbeit ist eine Reise, kein Ziel. Wenn Sie sich darauf konzentrieren, den Wandel hin zu einer modernen Data

Governance zu managen, anstatt die Aufgabe zu lösen, werden Ihre Bemühungen von Erfolg gekrönt sein.

Die Umsetzung planen.. den Plan umsetzen

Die Kommunikation ist der wichtigste Teil Ihres Veränderungsmanagementplans. Im Anhang finden Sie ein Muster für einen Kommunikationsplan, der als Ausgangspunkt dienen kann. Vergessen Sie nicht, dass die Kommunikation in beide Richtungen gehen muss. Sie können nicht einfach nur E-Mails verschicken und denken, dass Sie die Veränderung kommunizieren. Wenn wir dem ADKAR-Modell folgen und eine konsistente Kommunikationsfrequenz über verschiedene Kommunikationskanäle aufrechterhalten, haben Sie eine gute Grundlage, um Ihre Veränderung voranzutreiben.

Eines der wichtigsten Dinge, die Sie kommunizieren müssen, ist der Kerngedanke, dass es gut ist, Daten zu nutzen, auch wenn es so aussieht, als ob diese Daten nicht "richtig" wären. Indem man sie sieht, sie nutzt und offene Kanäle für Feedback bereitstellt, schafft man ein System, mit dem man sich kontinuierlich mit den Datenproblemen befassen kann, die unweigerlich auftreten werden. Viel zu lange haben wir diese Aufgabe auf die Schultern kleiner, überlasteter, isolierter IT- oder Analyseteams gelegt. Wenn Sie eine echte Datenkultur schaffen wollen, muss jeder die Vorteile einer weit verbreiteten Datennutzung im Tagesgeschäft anerkennen und sich eingestehen, dass wir auf "schlechte" Daten stoßen und diese beheben müssen, und das ist in Ordnung, denn es ist einfach Teil des Prozesses.

Eine der schwierigsten Aufgaben, die vor Ihnen liegt, ist es, Ihre Analysten davon zu überzeugen, dass dies eine gute Idee ist. Es ist ein natürlicher Instinkt der Analysten, sich zu wehren, denn Sie nehmen ihnen (in ihren Augen) die Arbeit weg, mit der sie viel Erfahrung haben. Es mag ein verrückter, nicht skalierbarer, manueller Aufwand sein, der Sie an ihrem Verstand zweifeln lässt, aber es ist auch die Arbeit, die ihnen die Anerkennung und den Status eines "Datenhelden" einbringt, der sie im Unternehmen hält. Jede Veränderung, die die Routine einer Person unterbricht, kann sehr beunruhigend sein.

Nicht alle - und wahrscheinlich auch nur wenige - werden mit Ihnen einverstanden sein; Sie müssen einen Weg finden, damit zurechtzukommen. Wählen Sie einige wenige aus, die bei Ihrer Data-Governance-Transformation Pionierarbeit leisten. Diese Analysten können Teil Ihrer breiteren Gruppe von Datenbotschaftern sein, die zum Schutz und zur Förderung der Nutzung der Datenbestände beitragen. Zweitens müssen Sie ein paar Leute auswählen, die sich mit Daten auskennen, aber keine Analysten sind. Geben Sie ihnen die Daten, die sie schon immer haben wollten, und stehen Sie ihnen dann bei den unvermeidlichen Fragen, Herausforderungen und Erfolgen zur

Seite. Betrachten Sie diese Bemühungen als Pilotprogramme, und wenn Sie Erfolge erzielen oder wichtige Erkenntnisse gewinnen, sollten Sie diese in Ihren Kommunikationsplan aufnehmen. Es ist ein guter Anfang, die Menschen auf rationale Weise mit dem zu überzeugen, was andere in einem relevanten Kontext getan oder gesehen haben. Aber denken Sie daran, dass das Wichtigste ist, einen Plan zum Management der Veränderung zu erstellen.

Zusammenfassung

Die schwierige Wahrheit dabei ist, dass unabhängig von der Art der Data Governance, die Sie durchführen wollen, ob traditionell oder modern, die Arbeit im Change Management liegt. Bereiten Sie sich gut vor, indem Sie einen Kommunikationsplan erstellen, im gesamten Unternehmen Befürworter gewinnen und ein hohes Maß an Sichtbarkeit für Ihre Arbeit schaffen. Kommunizieren Sie ständig, damit jeder, von der Führungsspitze bis zu den Mitarbeitern an der Front, erkennt, dass er bei der Governance eine Rolle spielt.

KAPITEL 5

Datenqualität

Ich muss ein Geständnis machen: Ich habe ein Tattoo. Okay, ich habe fünf Tattoos, aber eines davon hat in letzter Zeit für mich an Bedeutung gewonnen. Ich möchte Sie zwanzig Jahre zurückversetzen, ins Jahr 1997. Ich hatte gerade meinen Masterstudiengang begonnen, und gleich am ersten Tag der Vorlesung schrieb mein Professor (der unvergleichliche Lou Milanesi, Ph.D.) zwei Dinge an die Tafel:

"So etwas wie ein kostenloses Mittagessen gibt es nicht" und "X = T + E".

Der erste Satz war selbsterklärend, der zweite jedoch bedurfte für uns Studienanfänger einiger Erklärungen. Ganz einfach: Das beobachtete Ergebnis (X) ist gleich dem wahren Ergebnis (T) plus Fehler (E). Um es mit den Worten eines Laien auszudrücken: Was auch immer man mit Daten macht, man muss die Möglichkeit eines Fehlers in Betracht ziehen. Das hat mich sehr berührt. Dieses relativ einfache Konzept ist das Herzstück der angewandten Statistik; es bestimmte den größten Teil meiner Ausbildung in diesen zwei Jahren. Aber diese einfache Gleichung X = T + E enthielt noch etwas anderes, etwas fast Philosophisches. Ich grübelte so viel über diese Idee nach, dass ich eines Tages aus einer Laune heraus und mit ein paar Dollar mehr in der Tasche den Tattoo-Laden aufsuchte, der meiner Lieblingskneipe am nächsten war. Mit nur ein paar Zeichen Tinte habe ich mich für immer diesem einfachen Gedanken verschrieben: Berücksichtige bei allem, was du tust, die Möglichkeit eines Fehlers.

Ein paar Jahrzehnte später vergesse ich manchmal, dass die Tätowierung überhaupt da ist. Aber das Konzept bleibt bestehen: Bei allem, was wir tun, sollten wir die Möglichkeit eines Fehlers in Betracht ziehen, nicht wahr? Und als jemand, der dieser Philosophie dauerhaft anhängt, ist es höchste Zeit, dass ich sie entstaube und prüfe, ob sie noch Bestand hat.

Fehler in Daten sind allgegenwärtig. In einer existenziellen Krise ist es fast so, als ob Daten keine Daten wären, wenn sie nicht ein gewisses Maß an Fehlern enthielten, zumindest auf der Makroebene. Wir verbringen viel Zeit damit, uns über die Datenqualität den Kopf zu zerbrechen, doch wenn wir in Zeitnot geraten, sind unsere Qualitätssicherungsverfahren oft die ersten, an denen wir sparen. Wenn wir Zeit zum Nachdenken und rationalen Arbeiten haben, entscheiden sich die Menschen in der Regel für "gut" aus dem Dreiklang "gut, schnell oder billig", weil sie das Gefühl haben, dass dies die richtige Wahl ist. Aber in der realen Welt, in der die Zeit knapp und der Druck hoch ist, ist schnell zum Standard geworden.

In fast jedem Unternehmen, in dem ich je gearbeitet habe, sei es als Berater oder als Angestellter, wird mir jemand sagen, dass die Datenqualität ein Problem ist. Wenn man sich in den sozialen Medien mit dem Thema Daten beschäftigt, stößt man irgendwann auf ein Thema zur Datenqualität. Eine gute Datenqualität ist für fast alles, was wir im Bereich des maschinellen Lernens und der künstlichen Intelligenz tun, unabdingbar. Es gibt zahlreiche anekdotische Statistiken über die Zeit, die Menschen für die "Datenbereinigung" aufwenden. Fragen Sie einfach einen Analysten, wie viel Zeit er für die Datenbereinigung aufwendet, bevor er sie verwenden kann, und die meisten werden Ihnen sagen, dass es mehr als fünfzig Prozent für ein bestimmtes Projekt sind, wobei die 80/20-Regel häufiger zutrifft.

Das Datenqualitätsgebot

Wir sollten uns darauf einigen, dass die Daten von hoher Qualität sein müssen, oder? Das ist vielleicht das Letzte, worüber wir uns einig sind, aber in diesem Punkt sind wir uns sicher einig. Eine gute Datenqualität führt zu besseren, schnelleren und besser skalierbaren Analyselösungen. Wenn wir uns nicht auf eine gute Datenqualität berufen können, warum sollten wir dann ein Data Governance-Programm erstellen? Dennoch befinden wir uns in einer interessanten Zwickmühle. Wir sind uns alle einig, dass dies wichtig ist, aber was den Weg dorthin betrifft, sehe ich eine Lücke von der Größe des Grand Canyon.

Dieses Kapitel hätte es beinahe nicht in das Buch geschafft. Ich war mit dem Schreiben fertig, als ich gezwungen war, innezuhalten und umzudenken. Ich war dabei, für einen Kunden Empfehlungen für das Testen von Data Warehouses zu dokumentieren, und ich wollte ergänzende Literatur von Dritten einbeziehen. Mein Schwerpunkt lag auf der Frage, was in einem Data Warehouse getestet werden sollte und wie man es testet. Ich wandte mich an meinen guten Freund Google und war verblüfft. Der Mangel an umsetzbaren Inhalten zur pragmatischen Arbeit an der Datenqualität in einem Data Warehouse ist erbärmlich. Es ist beschämend für uns als Branche, die so gut etabliert ist, dass ein Thema wie Datenqualität in einem Data Warehouse so gut wie nicht vorhanden ist.

Bevor Sie mir jetzt auf Twitter mit Verweislinks kommen: Ich weiß, dass es da draußen Inhalte zu diesem oder jenem Produkt gibt und dass Berater (mich eingeschlossen) Blogs zum Thema Datenqualität haben. Ich habe auch eine Reihe von Büchern in den Anhang aufgenommen. Was ich jedoch suchte, war ein konkretes Beispiel, das ein neuer Data-Warehouse-Architekt als Ausgangspunkt für die Implementierung seiner eigenen wiederholbaren, skalierbaren Methodik für die Datenqualität verwenden könnte. Plötzlich kam mir der Gedanke, dass der

Grund, warum Datenanalysten so viel Zeit auf die Datenqualität verwenden, der ist, dass es scheint, als hätte das niemand sonst getan.

Dies spiegelt sich auch in meinen persönlichen Erfahrungen wider. Ich habe mehr als ein Data Warehouse kennengelernt, das praktisch keine Datenqualitätsprozesse aufwies, abgesehen vielleicht von Zeilenzählungen. Es ist jedoch wichtig zu erwähnen, dass es ein hohes Maß an akademischen Inhalten zu Datenqualitätsstandards gibt. Was zu fehlen scheint, ist eine Mischung aus akademischer Literatur auf hohem Niveau und Artikeln über spezifische Qualitätstests. Dieses Kapitel befasst sich mit den Herausforderungen, denen wir uns in Bezug auf die Datenqualität im Rahmen der Data Governance stellen müssen, und insbesondere damit, wie wir die (qualitativ hochwertigen) Daten an unsere durchschnittlichen Endnutzer weitergeben.

Höchstwahrscheinlich hängt ein Teil des Mangels an Inhalten zu Datenqualitätsverfahren mit der überwältigenden Natur des Themas selbst zusammen, insbesondere für ein modernes Data Warehouse. Die Menge und der Wahrheitsgehalt der Daten, die täglich auf uns zukommen, sind wie ein Tsunami. Sollen wir unseren Stakeholdern und Endnutzern, die bereits ungeduldig warten, wirklich sagen, dass die Daten erst fünf bis sechs Tests bestehen müssen, bevor sie ihnen zur Verfügung stehen? Oder die Tests, die wir in den Transformationscode eingebaut haben, verlangsamen die Ladevorgänge. Es gibt viele Szenarien, in denen es darum geht, wie man Datenqualität in ein Data Warehouse implementiert.

> "Der Weg zur Hölle ist mit guten Vorsätzen gepflastert".
>
> Sprichwort

Lassen Sie uns diese Sache ordnen und den Spaß an der Sache nehmen, ja? Zunächst eine Definition: "Daten haben Qualität, wenn sie die Anforderungen ihres Verwendungszwecks erfüllen. Sie sind in dem Maße unzureichend, wie sie die Anforderungen nicht erfüllen." (Olson, Jack. Data Quality: The Accuracy Dimension. 2003. Morgan Kaufman). Egal, ob Sie die klügsten Köpfe, die beste Technologie, modernste Methoden und eine Tasse Kaffee ohne Boden haben, Sie können Intention nicht messen. Intention hat keine Basis für einen Vergleich. Sie ist eine Hoffnung, ein Ziel, das in der Regel nur der Person - oder in unserem Fall dem Analysten - bekannt ist.

Ich bin ein beneidenswerter ehemaliger Datenanalyst. Aus den Jahren, die ich als Mausschubser verbracht habe, kann ich Ihnen sagen, dass die Absicht, die ich hatte, als ich eine Analyse begann, und das Endergebnis oft zwei verschiedene Dinge waren. Ich kann Ihnen auch sagen, dass, wenn wir wirklich Daten erforschen, die Absicht "Ich weiß es noch nicht" sein sollte. Ich kann verstehen, worauf Jack Olson hinauswollte, aber die Absicht ist nicht das, woran wir die Datenqualität messen sollten - sie ist vielmehr der Kontext. Es ist ein Urteil über die

· Zweckmäßigkeit, das objektiv sein kann und sollte. Aber hier liegt die Herausforderung, und es ist das gleiche Dilemma, in dem wir uns bei Data Governance befinden: Wie treffen wir ein bewegliches Ziel? Der Kontext und die Zweckmäßigkeit ändern sich, wenn sich die Situationen ändern. In einer normalen Messsituation würde ich eine Basislinie erstellen und die aktuelle Situation damit vergleichen, um das Delta zu ermitteln. Aber wenn sich die Ausgangssituation (unser Kontext) ändert, wie kann ich dann das Delta objektiv bewerten?

Was wir testen

Es ist allgemein bekannt, dass es sechs Aspekte der Datenqualität gibt. Es gibt viele Artikel über diese Dimensionen; ich bevorzuge einen von der CDC, der auf der Arbeit von DAMA UK basiert. Je nachdem, welchen Artikel Sie lesen, haben die Dimensionen leicht unterschiedliche Bezeichnungen, aber sie sind im Wesentlichen gleich:

- Vollständigkeit (Completeness)
- Einzigartigkeit (Uniqueness)
- Rechtzeitigkeit (Timeliness)
- Gültigkeit (Validity)
- Exaktheit (Accuracy)
- Konsistenz (Consistency)

Sie können vernünftigerweise Standardtests für diese Dimensionen erstellen und sie auf Ihr Data Warehouse anwenden. Sie werden jedoch feststellen, dass dies nicht die Lücke schließt, die wir untersucht haben: Kontext und Zweckmäßigkeit. Die Genauigkeit versucht, sich mit einer Definition anzunähern, die sich häufig auf die Notwendigkeit bezieht, dass die Daten die "reale Welt" widerspiegeln, aber sie geht nicht darauf ein, wie die Menschen die Daten nutzen wollen.

Die Definition, die wir für "Kontext" in unseren sechs Dimensionen der Datenqualität anwenden können, lautet: "Die Daten haben eine standardisierte, genehmigte Definition mit einem zugehörigen Algorithmus". Dies sollte den geschäftlichen Kontext widerspiegeln, in dem die Daten leben. Sie bietet uns einen Standard, einen Algorithmus, eine objektive Testgrundlage und die Möglichkeit, sie zu prüfen und zu sagen: "Nein, diese Definition verwende ich nicht. Ich habe das schon ein paar Mal gesagt, aber es besteht ein großer Unterschied zwischen der Definition eines Patienten durch eine Pflegekraft und der Definition eines Patienten durch einen Finanzmanager, und das aus gutem Grund. Der Zweck dieser beiden Rollen ist völlig unterschiedlich. Ein weiterer Vorteil der Aufnahme von "Kontext" als eine der Dimensionen guter Datenqualität ist die Möglichkeit, dies als Standardtest für das Data Warehouse anzuwenden. In den traditionellen Versionen von Data Governance wurde dies häufig versucht, und wenn es gelingt, werden die Standards für die Datenqualität aus dem Data Warehouse verbessert.

Leider reicht der Kontext nicht aus, um die Herausforderungen, die wir mit der Datenqualität haben, vollständig zu bewältigen. Das Problem bei der Erstellung von Standarddefinitionen im Rahmen unserer Data Governance-Bemühungen besteht darin, dass die erzwungene Standarddefinition möglicherweise im Widerspruch zur beabsichtigten Verwendung der Daten steht. Oder, um es anders auszudrücken: Fit-for-Purpose (FFP) .

Als Analyst wird es immer Gründe geben, warum die Daten überprüft und "bereinigt" werden müssen, selbst in Fällen, in denen gute Datenqualitätsmethoden angewandt wurden. Es gibt ein gewisses "je ne sais quoi" oder eine undefinierbare Qualität, nach der Analysten in einem Datensatz häufig suchen. Eine Art "Schnuppertest", um die Fähigkeit eines Datensatzes zu beurteilen, die Frage(n) zu beantworten, die sie zu beantworten versuchen. Es ist nicht ungewöhnlich, dass Analysten an diesem Punkt den Datensatz nehmen und eine erste Runde einfacher Analysen beginnen, wobei sie alle potenziellen Variablen durchdenken.

Dies ist auch der Punkt, an dem der Analyst beschließen kann, sich nicht an die Standarddefinition einer Kennzahl zu halten, weil diese nicht dem Zweck entspricht. Bei der Bewertung des Datensatzes sollten die wesentlichen Felder ermittelt werden, auf die der Analyst seine Algorithmen anwenden muss, und manchmal weiß der Analyst nicht, welche das sind, bis er tief in die Untersuchung einsteigt. Es ist eine Kunst, Daten zu analysieren, insbesondere wenn offene Fragen wie "Warum ist unser Volumen so niedrig?" Aus dem Stegreif wissen Analysten zwar, welche Datenfelder erforderlich sind, aber bis sie die Daten und die Fragen vollständig untersucht haben, wissen sie nicht, wonach sie suchen oder was sie von den Daten brauchen.

Wir haben vorhin das Beispiel des "Patienten" verwendet, der von Personen in zwei verschiedenen Rollen (dem Patientenmanager und dem Finanzmanager) unterschiedlich definiert wird. Häufig ist die Definition eines Patienten zeitabhängig; die Analysten prüfen, ob an einem bestimmten Tag um Mitternacht eine Person in einem Bett lag. Diese zeitliche Definition hilft den Finanzmanagern, sicherzustellen, dass sie einen ganzen Tag in Rechnung stellen können, und sie hilft dem Pflegepersonalmanager bei der Personalplanung.

Das Problem beginnt, wenn wir tiefer gehen als diese oberflächliche Definition. Wenn wir anfangen, Fragen zu stellen wie "Warum war das Volumen auf dieser Station im Vergleich zum letzten Jahr niedrig? Wie sieht es mit dem Szenario aus, in dem der Finanzmanager anhand von Risikobewertungen prognostizieren muss, wie viele Patienten das Krankenhaus haben wird und wie krank diese Patienten sein könnten, damit er planen kann, wie viel finanzielles Risiko die Organisation tragen kann? Wie sieht es mit der Personalplanung einer Krankenschwester aus, die viele komplizierte Patienten zu versorgen hat? Wir müssen nicht nur die Anzahl der Mitarbeiter, sondern auch das Niveau des Personals (RN vs. LPN) berücksichtigen. Hinzu kommt die Arbeit der Infektiologen, die sich weniger um den "Patienten"-Status kümmern, sondern viel mehr darum, ob die Person zu einem bestimmten Zeitpunkt auf einer bestimmten Station war oder nicht. Sie können sehen, wie schnell eine Standarddefinition auseinanderfällt. Alle diese Daten hätten ihre Vollständigkeit, Gültigkeit, Exaktheit, Konsistenz, Aktualität und Einzigartigkeit behalten. Sie haben nur den Test der Zweckmäßigkeit nicht bestanden. Während der Kontext etwas ist, das wir zu einer Data-Warehouse-Testmethodik hinzufügen können, kann die Zweckmäßigkeit immer das sein, was eine Person (z. B. ein Analyst) zu beurteilen hat.

Wie wir testen

Nun, da wir unsere Liste der zu testenden Daten erweitert haben (indem wir den Kontext und die Zweckmäßigkeit hinzugefügt haben), müssen wir festlegen, wie wir testen. Ich empfehle dringend die Lektüre des DataOps Cookbook von DataKitchen. Darin werden Datenqualitätstests auf eine DataOps-Art beschrieben. Es wird davon ausgegangen, dass Sie irgendeine Art von agilem Vorgehen anwenden werden. Der von Ihnen gewählte Prozess muss nicht unbedingt DataOps sein.

Lassen Sie uns hier eine Pause einlegen, um eine wichtige Unterscheidung zu treffen. Nur weil wir wissen, dass wir z. B. auf Gültigkeit testen müssen, heißt das nicht, dass wir genau wissen, wie wir diesen Test durchführen sollen. Um diese Entscheidung zu treffen, wenden wir uns den traditionellen Best Practices der Datenqualitätssicherung zu. Beispiele für Tests, die in der Qualitätssicherung verwendet werden, sind:

- Unit-Tests
- Integrationsprüfung
- Funktionale Prüfung
- Regressionsprüfung

Der erste Schritt ist das Unit-Testing, bei dem die kleinsten Teilstücke des Produkts getestet werden. Dies geschieht oft während der Entwicklung des Codes durch den Entwickler, aber es ist empfehlenswert, dass eine weitere Person den Code überprüft, bevor Sie ihn ausliefern. Integrationstests konzentrieren sich auf die Interaktionen zwischen den Codepaketen; sie suchen nach Integrationen oder Interaktionen, die sich gegenseitig stören. Funktionstests speisen Daten in unser Codepaket ein und bewerten die Ausgabe, um nach unerwarteten Ergebnissen auf der Grundlage des Codes zu suchen. Regressionstests schließlich beziehen sich auf Änderungen im Code und versuchen, die Änderungen zu isolieren, um sicherzustellen, dass sie die erwarteten Ergebnisse liefern. Nun geht es darum, die Art der durchzuführenden Tests und die Art und Weise der Testdurchführung zu kombinieren, um sicherzustellen, dass wir alle Dimensionen der Datenqualität testen. Zunächst müssen wir die verschiedenen Ebenen eines modernen Data Warehouse berücksichtigen: Integration, Staging, das Datenrepository und eine analytische Sandbox. Nicht alle Tests sind für alle diese Umgebungsschichten entscheidend. Für jede dieser Schichten gibt es unterschiedliche Tests:

Tabelle 1: Die " *Was* "-Tests

Datenschichten	Arten von Tests
Integration	Vollständigkeit, Konformität, Formatüberprüfungen
Staging	Konsistenz, Konformität, Exaktheit, Integrität, Rechtzeitigkeit
Repository	Vollständigkeit, Konsistenz, Konformität, Exaktheit, Integrität, Rechtzeitigkeit, Kontext
Sandbox	Integrität, Rechtzeitigkeit, Fit-for-purpose

Der zweite Abschnitt listet auf, mit welchen Tests Sie die einzelnen Aspekte der Datenqualität auf der Grundlage der einzelnen Schichten einer modernen Datenplattform und der Phase, in der Sie sich befinden - Aufbau, Automatisierung oder Überwachung - prüfen können. Dies sind nur Vorschläge, die auf dem basieren, was wir in diesem Kapitel besprochen haben. Diese Tabellen sind genau das, wonach ich gesucht habe, als ich die Google-Suche startete. Ändern Sie diese Tabellen, um Ihre eigene Umgebung und die Tests, die Sie heute durchführen, widerzuspiegeln. Eine kombinierte Tabelle finden Sie auch im Anhang.

Tabelle 2: Die "*Wie*"-Tests

Daten-schichten	Aufbau	Automa-tisierung	Überwachung
Integration	Unit Funktional (Regression)	Integration Funktional	Performance Funktional Konformität Vollständigkeit
Staging	Unit Funktional (Regression)	Integration Funktional	Performance Funktional -Konformität -Konsistenz -Exaktheit -Integrität -Rechtzeitigkeit
Repository	Unit Funktional (Regression)	Integration Funktional	Performance Funktional -Konformität -Konsistenz -Exaktheit -Integrität -Rechtzeitigkeit - Kontext
Sandbox	Funktional (Regression)	Funktional	Performance

Es gibt einfach mehr "Haken"

Selbst wenn wir das am gründlichsten getestete Data Warehouse haben, bei dem alle sechs Dimensionen getestet wurden, wenn wir den Kontext und die Zweckmäßigkeit als zwei neue Aspekte der Datenqualität hinzufügen, bleibt kein Analyst vor dem Datentest verschont. Zum Glück ist es relativ einfach, dafür zu sorgen, dass Ihr Testprozess so effizient und reibungslos wie möglich abläuft. Zu diesem Zweck müssen Sie zunächst einen strengen und automatisierten Testplan für die Datenumgebungen erstellen. Wenn Sie so viele Tests wie möglich automatisieren, können Sie den Druck etwas verringern. Als nächstes sollten Sie einen soliden Plan für Kontext- und Zweckmäßigkeitstests erstellen. Die Kontexttests der Daten werden sich ändern, wenn sich die WDs ändern. Die Darstellung der Qualitätstests in einer leicht verständlichen Form, z. B. in einem Dashboard, trägt dazu bei, eine enge Verbindung zwischen dem Analyseteam und dem Qualitätssicherungsteam herzustellen.

Eine 100%ige Datenqualität gibt es nicht. Es kann sie einfach nicht geben. Es gibt zu viele Daten und zu viele Möglichkeiten, die Daten zu nutzen. Was wir anstreben sollten und was viel eher machbar ist, ist die Nutzung der Daten und das anschließende Gespräch darüber, wie wir die Daten genutzt haben, damit wir alle die Daten besser verstehen können. Ein besseres Verständnis führt zu besseren Ergebnissen, aber nur, wenn wir uns aktiv miteinander austauschen.

Wie das Sprichwort sagt, muss der Saft es wert sein, ausgepresst zu werden, und manchmal (was heute im Gesundheitswesen sehr zutreffend ist) gehen wir einfach davon aus, dass sich die Arbeit lohnt. Nicht alle Daten sind gleich. So wie wir nicht jede Variable in Ihren Datenumgebungen verwalten können, ist es auch nicht möglich, jede Datenzelle in Ihren ständig wachsenden Datenumgebungen zu verwalten. Als ich mich mit Steve Johnson über das Thema Datenqualität unterhielt, gab er mir einen Tipp, den ich auf einen Zettel geschrieben habe (wenn Sie mein Büro sehen würden, wüssten Sie, wie sehr Klebezettel mein Leben bestimmen): "Die Datenqualität hängt davon ab, wie die Menschen die Daten nutzen wollen." Wie wir gesehen haben, können wir die Absicht nicht messen, aber wir können das finden und messen, von dem wir definitiv wissen, dass es wahr ist. Die Erkenntnis, dass es einen Unterschied zwischen den beiden gibt, und das Management dieses Unterschieds ist ein großartiger Ansatz für Datenqualitätsstandards.

Die Anwendbarkeit meines Tattoos, $X=T+E$, ist überzeugend, da es die Hauptgrundlage für die klassische Testtheorie ist. Abgesehen davon gibt es keinen Eins-zu-eins-Vergleich zwischen dem Testen einer Datenumgebung für jede mögliche Analyse und dem Versuch, die Fehlervariabilität in

Korrelationen zu kontrollieren, aber es gibt eine gewisse Beziehung.

Zusammenfassung

Datenqualitätstests sind der Kanarienvogel in der Kohlenmine Ihrer Data Governance-Prozesse. Wenn Sie über gute Data Governance-Prozesse verfügen, sollten die Datenqualitätstests stabil aussehen. Ohne Qualitätstests oder ohne die Möglichkeit, die Qualitätstests zu kommunizieren, verlieren Sie Ihr Frühwarnsystem für die Governance.

KAPITEL 6

Packen wir nun alles zusammen

Glückwunsch, Sie haben es bis zum Ende geschafft. In diesem Kapitel werden wir all die Dinge, die wir gelernt haben, zusammenfassen und einen Rahmen für die Umsetzung schaffen. Die hier vorgestellten Instrumente und Methoden werden Ihnen auf Ihrem Weg eine wertvolle Hilfe sein. Der Anhang enthält hilfreiche Inhalte, die zwar nicht direkt mit der Umsetzung zu tun haben, aber dennoch wichtig genug sind, um sie aufzunehmen.

Um die Erfolgschancen zu erhöhen, werden wir ein wenig zwischen den Bereichen Menschen, Prozesse, Technologie und Kultur hin und her springen. Die Reihenfolge, in der Sie die Dinge tun, ist wichtig, und ich werde einen Hinweis einfügen, wenn Schritte aufgrund von Einschränkungen, die manchmal schwer zu kontrollieren sind (z. B. Einstellung), verschoben werden können. Ich empfehle Ihnen, sich die Zeit zu nehmen, das gesamte Kapitel durchzulesen, bevor Sie beginnen, sozusagen wie ein Rezept, das Sie einmal durchlesen und dann loslegen.

Vertrauen, Wert und eine unterbrochene Kette

Bevor wir offiziell in den Umsetzungsmodus übergehen, müssen wir uns mit dem Problem befassen, das uns überhaupt erst in diese Lage gebracht hat. Im ersten Kapitel wurde das Problem des gebrochenen Vertrauens umrissen. Bei allen Recherchen, die ich zum Thema Governance in Organisationen angestellt habe, bin ich wahrscheinlich immer wieder auf dieses Thema zurückgekommen: gebrochenes Vertrauen.

Es ist sehr schwierig, Vertrauen zu definieren, und noch schwieriger, es zu "reparieren", wenn es einmal gebrochen ist. Wir haben zwar unser Bestes getan, aber die Diskrepanz zwischen den Aktionen der Governance und den Resultaten ist erheblich. Wir haben in der Vergangenheit große Anstrengungen unternommen, mit Menschen und Software, aber wir sind nicht in der Lage, das Ergebnis greifbar zu machen. In Simon Sineks Buch "Start with Why" definiert er Vertrauen als die Übertragung von Werten, und als ich das las, wurde mir klar, dass dies der Grund ist, warum Vertrauen so oft im Zusammenhang mit Governance angesprochen wird.

Wir schaffen es nicht, konsequent WERT zu vermitteln. Manchmal liegt es daran, dass der Wert nicht klar ist. Nehmen Sie zum Beispiel die Erstellung von Standarddefinitionen. Eine Definition auszuwählen und eine ganze Organisation zu zwingen, nur diese Definition zu verwenden, ist keine

Übertragung von Wert. Damit wird einer Reihe von Mitarbeitern im Unternehmen mitgeteilt, dass die Art und Weise, wie sie Daten verwenden, nicht relevant ist. Würden Sie jemandem vertrauen, der Ihnen das sagt? Manchmal beanspruchen wir den Wert durch Risikovermeidung, z. B. aus Gründen der Regulierung. Die Sprache, die wir in solchen Situationen verwenden, verschlimmert oft eine schlechte Governance-Situation. Eine auf Angst basierende, hyperbolische Sprache, die auf Aktion und Motivation ausgerichtet ist, zerstört fast per Definition das Vertrauen. Hier ein gutes Beispiel: Als ich mit Leuten über diese Arbeit und die Notwendigkeit, den Zugang zu Daten zu demokratisieren, sprach, hörte ich oft: "Aber das ist das Gesundheitswesen, Sie werden noch jemanden umbringen!" Leute, das ist nicht wahr. Das ist eine Übertreibung und gefährlich, weil es alle in Angst und Schrecken versetzt. Es soll einen einschüchtern und glauben machen, dass es keine anderen Möglichkeiten gibt. Ich würde sogar behaupten, dass die Art und Weise, wie wir jetzt arbeiten, wahrscheinlich genauso viel, wenn nicht sogar mehr Schaden anrichtet, als wenn wir den Menschen die Daten zugänglich machen, damit wir alle bessere, sicherere und besser informierte Entscheidungen treffen können. Diese Art von Sprache trägt mehr dazu bei, Vertrauen zu zerstören, als es aufzubauen. Irgendwo in der Magengrube, wenn Sie solche Aussagen hören, ist die Reaktion guttural. Unsere Reaktionen sind: "Du hast Recht, ich will das nicht anfassen" oder "Mist, jetzt vertraue ich dir noch weniger".

Vertrauen muss der Eckpfeiler Ihrer neuen Data Governance-Bewegung sein. Das bedeutet, dass Sie sich auf die Übertragung von Wert konzentrieren müssen.

People first

Wir müssen mit den Menschen beginnen. Man muss nicht nur sicherstellen, dass man über die nötigen Ressourcen verfügt, sondern sich auch die Zeit nehmen, um eine Abstimmung zwischen ihnen zu erreichen. Die Entscheidung, die Data Governance zu verbessern, beginnt natürlich bei einer bestimmten Person. Zur Veranschaulichung: Nehmen wir an, ein Chief Data Officer hat dies als Risiko oder Problem erkannt und beginnt mit der Neugestaltung der Data Governance. Das erste, was ein CDO tun muss, ist, einen Leiter der neuen Data Governance einzustellen oder zu befördern, jemanden, der für das Tagesgeschäft der Governance-Funktion verantwortlich ist. In Kapitel zwei haben wir einige Stellenbeschreibungen aufgeführt, und an diesem ersten Punkt können Sie sich für einen leitenden Data Governance-Botschafter entscheiden.

Wenn Sie einen Externen einstellen müssen, wird das eine Weile dauern, daher würde ich den CDO ermutigen, die Zeit sinnvoll zu nutzen, indem er mit dem Change-Management-Plan beginnt. Idealerweise arbeitet der CDO auch mit ein oder zwei

Kollegen zusammen, um eine solide Unterstützung durch die Geschäftsleitung sicherzustellen. Sobald der leitende Datenbotschafter eingestellt ist, wird der erste Schritt für ihn oder sie darin bestehen, eine Einführungsveranstaltung einzuberufen, um den Ball ins Rollen zu bringen. Ich nenne es "Fortbildung ", weil es per Definition denjenigen, die aktiv in einem Beruf tätig sind, die Möglichkeit gibt, ihr Fachwissen in Ihre Sache einzubringen, ohne ihren Schwerpunkt zu verlagern.

Jeder Teilnehmer der Fortbildung ist ein Experte in eigener Sache, der sich für die Verbesserung der Daten in Ihrer Organisation einsetzt. Nachfolgend finden Sie ein Beispiel für eine Fortbildungsagenda, und wenn Sie sich erinnern, werden die einzelnen Bereiche in Kapitel zwei ausführlicher behandelt. An dieser Fortbildung sollten der leitende Datenbotschafter, der CDO und ein gleichrangiger Vertreter des CDO wie der COO, CFO oder CIO teilnehmen. Wenn Sie einen erfahrenen CISO haben, wäre es ebenfalls von Vorteil, ihn einzubeziehen. Wenn Ihr CISO sehr auf den Schutz fokussiert ist und Ihnen ständig erklärt, warum dies nicht funktionieren wird, ist die Fortbildung vielleicht nicht der richtige Zeitpunkt, um ihn einzubeziehen. Es liegt an Ihnen. Natürlich müssen Sie sie irgendwann überzeugen, aber sie in die Verhandlungen über den Umfang und das Budget einzubeziehen, ist vielleicht nicht der beste Zeitpunkt, um damit zu beginnen.

Die Fortbildung wird wahrscheinlich drei bis vier Stunden dauern, und sie ist nicht verhandelbar. Wenn Sie wegen des Zeitaufwands auf viel Widerstand stoßen oder Ihre Mitarbeiter sich weigern, daran teilzunehmen, sollten Sie hier aufhören und ein wenig "aufräumen".

Wenn Ihre Führungskräfte nicht voll und ganz an Bord sind, müssen Sie sich die Zeit nehmen, um sicherzustellen, dass sie wirklich bereit sind, die Bemühungen zu unterstützen. Dies gilt insbesondere für Unternehmen, die keinen CDO (oder nur einen CDO mit Titel) haben. Wenn Sie einen CDO haben, ist es zwar weniger einflussreich, aber dennoch wichtig, dass andere Führungskräfte sich für die Bemühungen engagieren. Wenn sich die Türen zur Vorstandsetage schließen und Sie nicht anwesend sein können, um Ihre Bemühungen zu unterstützen, wird Ihr Budget möglicherweise gekürzt, bevor Sie überhaupt angefangen haben.

Nutzen Sie das in Kapitel fünf besprochene "Kopf, Herz, Hände"-Konzept, um ihnen zu helfen, auf den Zug aufzuspringen. Bereiten Sie sich gut vor: mit Wertaussagen Ihrer Organisation, mit Abschnitten aus diesem Buch oder mit einem Blick auf routetwentyfive.com, um zu sehen, wie andere Organisationen erfolgreich gewesen sind.

Es ist möglich, den Tag in zwei Teile aufzuteilen, wenn der Zeitplan eng ist. Erinnern Sie sie behutsam daran, dass drei bis vier Stunden für dieses Treffen plus einige weitere Treffen im

Laufe des Jahres gerade einmal acht Stunden Unterstützung für ein wesentliches Unternehmensgut bedeuten. Fahren Sie nicht ohne sie fort. Sie werden nicht weit kommen.

Fortbildungsagenda

Thema	Länge	Führungskraft? Kommentare?
Umfang		
Budget		
Zeitplan		
Erfolgsmetriken		
Rollen: Sponsor Führungskraft Durchschnittsnutzer		

Es gibt eine Ausnahme von der Richtlinie "Holen Sie Ihre Führungskräfte ins Boot". Wenn Sie in einer großen, multinationalen Organisation arbeiten, ist es vielleicht nicht möglich, mehr als eine Führungskraft an Bord zu haben. Wenn dies bei Ihnen der Fall ist, ist es trotzdem sinnvoll, die Governance für Ihre Abteilung in Angriff zu nehmen. Stellen Sie nur sicher, dass Ihre Führungsebene immer noch Bescheid weiß. Kleine bis mittelgroße Unternehmen sind mit einem Top-down-/Bottom-up-Ansatz besser aufgestellt. Die größeren Konglomerate müssen ihre Bemühungen von Gruppe zu Gruppe aufbauen.

Sobald die Fortbildung abgeschlossen ist, müssen einige Dinge gleichzeitig in Angriff genommen werden: Kommunikation und Einstellung. Die Kommunikation ist eine Schlüsselkomponente des Change-Management-Plans und von entscheidender Bedeutung für den Erfolg der Bemühungen. Dies wird nicht das einzige Mal sein, dass Sie über Data Governance kommunizieren; Sie werden sich öfters wiederholen, als Sie sich vorstellen können, aber dieses erste Mal wird das Memo sein, das alles verändert.

Letztes Jahr war ich auf einer Konferenz unterwegs, als mich ein Freund fragte, ob ich während meines Aufenthalts in der Stadt einen Workshop für die Datenteams in seinem Unternehmen geben würde. Ich habe gerne zugesagt, weil ich gerne Workshops gebe und Teams helfe, Hindernisse zu überwinden. Das Hindernis in diesem Fall war vielschichtig, aber es lag vor allem daran, dass es nicht weniger als drei verschiedene Teams gab, die Daten und Analysen unterstützten und die alle über verschiedene Führungskräfte berichteten. Es war leicht zu erkennen, wie schnell die Dinge verwirrend werden konnten. Die Teams hatten viel Arbeit geleistet und unter anderem das Problem der Unverbundenheit erörtert. Als ich vor ihnen stand, wurde schnell klar, dass ich eigentlich dazu da war, den nächsten Schritt zu orchestrieren. Ich war da, um ihnen zu helfen, das Hindernis zu überwinden: die Notwendigkeit, als ein Team zusammenzukommen. Die betroffenen Führungskräfte waren im Raum, und in der ersten Pause kam der CIO auf mich zu und sagte: "Was wäre, wenn alle Teams nur einer Person unterstellt wären?" Sie waren alle zu demselben Schluss gekommen, und als Gruppe waren sie besser vorbereitet, als sie selbst wussten.

Nach der Pause setzten wir uns wieder zusammen und ich sprach das Thema an, von dem ich wusste, dass es alle beschäftigte. Die größte Frage war, wer den Übergang zu einem Team unterstützen würde und wer nicht. Als sie dann merkten, dass sie alle auf derselben Seite standen, sagte der CIO: "Es ist Zeit, das lebensverändernde Memo zu schreiben." Und das war der Anfang. Der CIO verstand, dass die Kommunikation der Veränderung das wichtigste Gebot der Stunde war.

Ihre eigene Version eines lebensverändernden Memos muss auf dem basieren, was Sie über Ihr Unternehmen wissen. Beginnen Sie mit dem Warum, denken Sie daran, die Köpfe und Herzen der Mitarbeiter anzusprechen, und geben Sie ihnen einige Hinweise, was sie erwarten können. An dieser Stelle ist es auch wichtig, ihnen ein paar Schritte mit auf den Weg zu geben: Bitten Sie sie, mit dem leitenden Datenbotschafter oder CDO zu sprechen, wenn sie Fragen haben oder helfen möchten. Darüber hinaus sollte dieses lebensverändernde Memo nur eines von vielen sein; planen Sie eine frühe und häufige Mitteilung. Ein Plan für das Change Management wird dazu beitragen, dass Ihre Botschaften konsistent und relevant bleiben.

Gleichzeitig sollten Sie Stellenbeschreibungen und einen Karrierepfad für die Ressourcen erstellen, die Ihre neue Data

Governance-Initiative ausfüllen werden. Idealerweise arbeiten Sie dabei mit Ihrer Personalabteilung zusammen, denn es kann einige Mühe kosten, entweder eine Stellenfamilie zu schaffen oder Ihre analytische Stellenfamilie umzugestalten. Dies kann parallel geschehen, oder wenn Sie es als ein integriertes Projekt betrachten (d. h. Analysten und Botschafter sind austauschbar), müssen Sie vielleicht nur einige Leute umbenennen und schon sind Sie auf dem Weg. In jedem Fall sollten Sie sich ein paar Tage Zeit nehmen, um die Sache zu durchdenken und sicherzustellen, dass Sie die richtigen Mitarbeiter einstellen und einen Plan haben, der es den Mitarbeitern ermöglicht, ihre Aufgaben optimal zu erfüllen. Obwohl Sie wahrscheinlich den Druck verspüren, so schnell wie möglich zu handeln, sollten Sie daran denken, dass Sie eine wichtige Grundlage für Ihre Mitarbeiter schaffen.

Sobald Sie die benötigten Mitarbeiter eingestellt oder befördert haben, können Sie mit der Arbeit beginnen. Die Kommunikation sollte so zeitnah wie möglich erfolgen, um die Mitarbeiter nicht zu sehr aufzuregen oder sie zu verärgern, weil sie zu schnell und ohne Vorankündigung handeln. Es ist ein schwieriges Gleichgewicht, aber mehr Kommunikation ist besser als weniger Kommunikation.

Der Umfang des Projekts sollte während der Fortbildung ausgehandelt worden sein, und in diesem Zusammenhang sollten auch die Erfolgskennzahlen festgelegt worden sein. Sie müssen mit dem Ziel vor Augen beginnen und sicherstellen, dass alles, was Sie danach tun, messbar ist. Wenn Sie es nicht messen und mit einem greifbaren und akzeptierten Geschäftserfolg verbinden können, müssen Sie neu verhandeln. Vergessen Sie nicht, dass sich diese Ziele ändern können und sollten. Wenn Sie Ihre Data Governance-Bemühungen mit dieser modernen Ausrichtung neu starten, können Ihr Fokus oder die Bereiche der Wichtigkeit anders aussehen als jetzt.

Diese Wichtigkeitsverhältnisse waren Teil der Interviews, die ich während der Recherche für dieses Buch führte. Jeder Person, die ich interviewt habe, wurde folgende Frage gestellt: "Wenn wir Data Governance so umgestalten, dass wir uns auf die Datennutzung konzentrieren, die Qualität der Daten innerhalb des durch die Governance festgelegten Rahmens sicherstellen und uns beim Datenschutz auf unsere internen Partnerschaften verlassen, wie würden Sie dann die Bedeutung zuordnen? Obwohl es sich hierbei sicherlich nicht um eine statistisch signifikante Methode handelt, legten die Befragten den Schwerpunkt mehrheitlich auf die Nutzung, wobei es bei den übrigen drei Punkten große Schwankungen gab.

Bedeutung von neuen Data-Governance-Prinzipien

Thema	% Wichtigkeit
Erhöhte Nutzung von Datenassets	50%
Datenqualität	25%
Data Lineage (erhöhte Sichtbarkeit)	15%
Schutz	10%

Der Schutz stand früher ganz oben auf dieser Liste, ist jetzt aber auf den letzten Platz verwiesen worden. Nicht, weil er nicht wichtig wäre, sondern weil Sie jetzt einen Partner haben, der Sie bei der Umsetzung unterstützen kann. Ihre InfoSec-Gruppe sollte an der Festlegung der Erfolgsmetriken für den Schutzaspekt von Data Governance beteiligt sein.

Mit den Erfolgsmetriken in der einen und dem Plan für das Change Management in der anderen Hand (Moment, das kann nicht stimmen, wie halten Sie Ihren Kaffee?) können Sie loslegen. Planen Sie die Berührungspunkte, die Sie mit Ihren wichtigsten Interessengruppen vereinbart haben, weit im Voraus. Das scheint einfach zu sein, aber Kalender können verrückt sein. In agilen Begriffen ist das Ihr Backlog, Refinemet und Retro.

Eines der Schlüsselelemente von Modern Data Governance (MDG) ist unsere Methode, traditionelle Data-Governance-Councils mit dem Einsatz agiler Methoden zu kombinieren. Darüber hinaus benötigen die meisten Unternehmen die Möglichkeit, einen modularen Rahmen zu schaffen, der je nach Umfang und Vielfalt zusätzlicher strategischer Projekte, die auf Daten beruhen, nach oben oder unten skaliert werden kann. Agile Methoden und Beiräte oder Ausschüsse sind wie Öl und Wasser, aber bei jeder Form von Data Governance brauchen wir den geschäftlichen Kontext und das Fachwissen, das diese Gruppen mitbringen. Bei MDG sind diese Experten nach wie vor dabei, aber als Fachleute auf Abruf. Stellen Sie sich diese

Experten als zusätzliche Product Owner vor, die dabei helfen, das Produkt (in unserem Fall die Daten) zur Marktreife zu führen.

Der Workflow

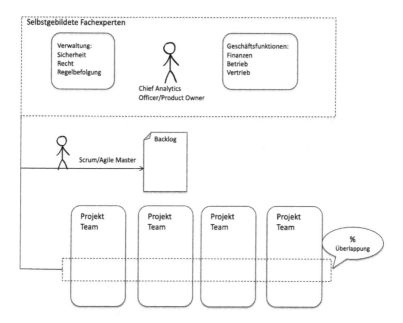

Kurz gesagt, es gibt zwei Gruppen von Personen (oder in der traditionellen Governance wären es unsere Komitees gewesen) mit gemeinsamer organisatorischer Verantwortung, die sich formell treffen können oder auch nicht. Bei der ersten handelt es sich um eine Data Governance-Gruppe für den Geschäftsbereich, die es Ihnen ermöglicht, Standard-Datendefinitionen, Datenqualitätsstandards und Verwendungskriterien zu erstellen. Das andere Council, das wir als Data Governance-Administration bezeichnen, widmet sich der Erstellung von Richtlinien und Verfahren für Compliance, Datenschutz und Sicherheit. In diesem Rahmen stellt Ihre Governance-Verwaltungsgruppe Ihnen ihre Anforderungen zur Verfügung, die Sie erfüllen müssen. Der Unterschied besteht darin, dass sie dann nicht am Tisch sitzt und bei Besprechungen über die Definition von Daten zuhört. Betrachten Sie diese beiden Gruppen als funktionale und nicht-funktionale Anforderungen. Sie sind gleich wichtig, müssen aber getrennt verwaltet werden. Der Klebstoff, der sie zusammenhält, ist Ihr Data Governance-Leiter. Sie brauchen jemanden in dieser Rolle, der verantwortlich ist und die Dinge vorantreiben kann. Viele Ausschüsse oder Beiräte haben nichts mit Agilität oder Reaktionsfähigkeit zu tun.

Stellen Sie sich diese langen Rechtecke als Ihre jährlichen Projekte vor. Sie können weitere hinzufügen oder entfernen, sie können wechseln, aber auf diese Weise beginnen Sie, Ihren dauerhaften Rat mit der Realität der projektbasierten Arbeit zu verbinden. Arbeitsgruppen werden für die Teilnahme an diesen Projekten eingesetzt. Ihre Aufgabe ist es, Arbeiten zu dokumentieren und zu identifizieren, die sich in Bezug auf Daten überschneiden, wie z. B. Kundenprobleme, die einige oder alle Projekte gemeinsam haben. Unabhängig davon, ob es sich um Definitionen, Nutzung, Qualität oder Risiken handelt, ist es ihre Aufgabe, diese in ein Backlog aufzunehmen. Backlog-Elemente können auch von den beständigen Councils hinzugefügt werden. Dinge wie Datenmaskierung oder die

Operationalisierung von Definitionen für die Standardverwendung können alle in einem Backlog zusammengefasst werden.

Je nach Größe und Umfang Ihres Teams können die Arbeitsgruppe und das agile Datenteam ein und dasselbe sein. Eine Arbeitsgruppe ist eine bedarfsgesteuerte Gruppe, die nur dann besteht, wenn es Projekte gibt, die sich entweder direkt oder am Rande auf die Daten auswirken. Wenn Sie groß genug sind, wird das agile Datenteam bestehen bleiben, und es wird immer Arbeit im Zusammenhang mit Governance geben.

Eine Liste von Dingen, die zu tun sind

Damit kommen wir zu unserem nächsten Thema: der Erstellung des Backlogs. Die Verwendung von DataOps-Prinzipien für die Einführung von MDG wird dazu beitragen, das Minimum Valuable Product (MVP) schnell zu liefern. Ein DataOps-Ansatz passt hier sehr gut, da es sich um eine Reise und nicht um ein Ziel handelt; die Data Governance-Bemühungen werden nie wirklich aufhören.

Ein Beispiel für ein Backlog finden Sie im Anhang. Für unsere Zwecke hier werden wir nur ein paar Dinge betrachten, die normalerweise in das Backlog aufgenommen werden. Ein Backlog ist einfach eine Liste von Dingen, die zu tun sind.

Erinnern Sie sich an das Prozess-Kapitel, in dem wir das DataOps-Manifest von Chris Berghs Unternehmen DataKitchen (das von Gartner zum "Cool Vendor" ernannt wurde, als ich dieses Buch schrieb!) besprochen haben und wie man es für MDG anpassen kann - jetzt werden wir es in die Praxis umsetzen.

Um ganz offen zu sein: Als ich versuchte, diesen Abschnitt zu schreiben, stieß ich auf eine kleine Schreibblockade. Es fiel mir schwer, ein Backlog als etwas anderes zu beschreiben als eine Liste von Dingen, die zu tun sind, wie ich es im Titel getan habe. Glücklicherweise stieß ich auf die eloquenteste Beschreibung eines Backlogs, die ich je gesehen habe. Wie man so schön sagt: Erfinde das Rad nicht neu, und ich werde es auf jeden Fall entsprechend würdigen.

Damit kommen wir zu unserem nächsten Thema: der Erstellung des Backlogs. Die Verwendung von DataOps-Prinzipien für die Einführung von MDG wird dazu beitragen, das Minimum Valuable Product (MVP) schnell zu liefern. Ein DataOps-Ansatz passt hier sehr gut, da es sich um eine Reise und nicht um ein Ziel handelt; die Data Governance-Bemühungen werden nie wirklich aufhören.

Ein Beispiel für ein Backlog finden Sie im Anhang. Für unsere Zwecke hier werden wir nur ein paar Dinge betrachten, die normalerweise in das Backlog aufgenommen werden. Ein Backlog ist einfach eine Liste von Dingen, die zu tun sind.

Erinnern Sie sich an das Prozess-Kapitel, in dem wir das DataOps-Manifest von Chris Berghs Unternehmen DataKitchen (das von Gartner zum "Cool Vendor" ernannt wurde, als ich dieses Buch schrieb!) besprochen haben und wie man es für MDG anpassen kann - jetzt werden wir es in die Praxis umsetzen.

Um ganz offen zu sein: Als ich versuchte, diesen Abschnitt zu schreiben, stieß ich auf eine kleine Schreibblockade. Es fiel mir schwer, ein Backlog als etwas anderes zu beschreiben als eine Liste von Dingen, die zu tun sind, wie ich es im Titel getan habe. Glücklicherweise stieß ich auf die eloquenteste Beschreibung eines Backlogs, die ich je gesehen habe. Wie man so schön sagt: Erfinde das Rad nicht neu, und ich werde es auf jeden Fall entsprechend würdigen.

"Der Product Owner konzentriert sich auf das ‚Was' und das Entwicklungsteam auf das ‚Wie'. Der Produkt-Backlog sollte eine Liste von Kundenproblemen sein, die gelöst werden müssen, oder von "zu erledigenden Aufgaben". Ein Punkt im Backlog sollte nicht die Produktionslösung im Detail beschreiben... das kommt später. Es handelt sich lediglich um einen Platzhalter für ein Gespräch, das geführt werden muss. Sobald das Entwicklungsteam mit der Bearbeitung des Problems beginnt, trifft es sich mit dem Kunden, um die Lösung besser zu verstehen und festzulegen.

Sie können während des Sprints jederzeit zu einer anderen Lösung übergehen, aber das Ziel bleibt das gleiche. Das bedeutet, dass sich der Sprint-Backlog während des Sprints weiterentwickelt, wenn die Entwicklungsteams mehr lernen." - Robert Weidner

Im Großen und Ganzen betrachte ich mich als agilen Neuling, und gelegentlich lese ich so etwas und habe einen dieser Aha-Momente - dies war einer davon. Es macht absolut Sinn, es ist agil, natürlich wird sich die Lösung und sogar das Backlog selbst ändern! Vielleicht teilen Sie meine Begeisterung für diese Offenbarung nicht, vielleicht sind Sie bereits ein Experte für agile Methoden, aber ich denke, es ist eine wichtige Perspektive, die man bei der Anwendung von agilen Methoden auf MDG einnehmen sollte. Denken Sie an die Kraft eines Data Governance-Backlogs, wenn Sie sich auf ein Kundenproblem konzentrieren und eine Reihe von Backlog-Elementen als Platzhalter für die Lösung des Problems erstellen. Beginnen wir mit einem Problem, das wir alle kennen und lieben: Die Führungskräfte haben alle unterschiedliche Definitionen von Kunden, Mitgliedern, Patienten, Mitarbeitern, Besuchen, Produkten usw. Ich denke, Sie verstehen, worum es geht.

Data-Governance-Ops (DGOps) – ein Anfang

Als ich meine Nachforschungen über Data Governance und insbesondere darüber, wie sie verbessert werden kann, abschloss, stellte ich fest, dass ich mit der Frage kämpfte, was Data Governance im Kern ist, sowohl für die breitere Daten- und Analysebranche als auch für die einzelne Organisation. Ich weiß, was es nicht ist: Es ist kein Werkzeug, mit dem man drohen kann, es ist keine Sammlung von Dokumenten, die verstauben, und es ist nicht der wahrhaftige "andere" Eimer für analytische Arbeit. Und doch behandeln wir sie so oft wie diese Dinge oder noch schlimmer.

Kürzlich sprach ich mit einem CIO über Data Governance, und seine Reaktion war unmittelbar. Ich paraphrasiere, aber im Großen und Ganzen lautete sie: "Ach, Data Governance. Wir haben das schon so oft versucht, und dann geht die Person, die Data Governance betreibt, und es ist vorbei. Das ist schlimmer, als den Ozean zu kochen. Es ist, als würde man den Ozean Tasse für Tasse zum Kochen bringen, während man sich darüber streitet, welche Art von Algen in der Tasse ist."

Der Grund, warum wir uns so schwer tun mit der Governance, ist, dass es bei der Governance letztlich darum geht, Vertrauen aufzubauen. Die Art und Weise, wie wir Data Governance in der Vergangenheit betrieben haben, ist nahezu wertlos. Das hört heute auf, genau hier, bei Ihnen und mir und einer kleinen

Sache, die ich DGOps nenne. Ja, ich lehne mich an DevOps und das DataOps-Framework meiner Freunde bei DataKitchen an. Es ist die Abkürzung für Data Governance Operations und wird die Art und Weise, wie wir Data Governance betreiben, völlig neu gestalten.

DGOps schafft einen subtilen, aber wirkungsvollen Wandel in der Art und Weise, wie wir die Funktionen, die mit Data Governance gleichzusetzen sind, entwerfen, diskutieren und implementieren. Wie alle agilen Frameworks stellen wir individuelle Interaktionen über Prozesse und Tools. Wir definieren Data Governance mit den folgenden vier Attributen: Steigende Nutzung, verbesserte Datenqualität, dokumentierte Data Lineage und Schutz von Datenbeständen. Jedes dieser Attribute bietet einen direkten, greifbaren Wert für das Unternehmen, indem es einen Rahmen für die Demokratisierung des Datenzugriffs schafft. Mit anderen Worten: Wenn alle diese Punkte erfüllt sind, kann jeder im Unternehmen Daten nutzen, ohne sich Sorgen um andere, falsche oder minderwertige Daten machen zu müssen.

Die DGOps-Grundsätze

- Für uns ist die Nutzung der Daten wichtiger als die Kontrolle über das Gut.

- Unsere Priorität ist es, die Nutzung von Daten im gesamten Unternehmen zu erhöhen, indem wir ein reaktionsfähiges System der Governance schaffen.

- Transparenz der Daten, von der Quelle bis zum Ziel und überall dazwischen.

- Wir müssen häufig kommunizieren, was wir gelernt haben und was wir wissen.

- Qualität ist das Ergebnis einer guten Governance. Unser Ziel ist es, ein belastbares System zu schaffen, das die Qualität der Daten verbessert.

- Wir erkennen die Bedeutung von Sicherheit und Datenschutz an, indem wir eine glückliche Allianz mit unseren InfoSec- und Compliance-Partnern eingehen.

- Wir bemühen uns, Data Governance-Bemühungen auf greifbare Weise in den Datenumgebungen zu operationalisieren.

- Wir ermutigen zu Fragen über die Daten, denn das bedeutet, dass wir die Nutzung erhöhen.

- Unser Ziel ist es, uns in Sachen Daten auf Fortschritt und nicht auf Perfektion zu konzentrieren. Lassen Sie Iterationen zu, um die Daten, Definitionen und die Qualität ständig zu verbessern.

- Sich selbst bildende Teams bauen bessere Systeme. Konzentrieren Sie sich auf das "Was" und lassen Sie die Teams das "Wie" herausfinden.

- Fangen Sie klein an, mit einfachen, erreichbaren Schritten hin zu geregelten Daten, die dem Unternehmen Nutzen und Wert verleihen.

Ich liebe diese DevOps-Definition von der Agile Admin Website:

> "[DevOps ist] eine disziplinübergreifende Praxisgemeinschaft, die sich der Erforschung des Aufbaus, der Entwicklung und des Betriebs sich schnell verändernder, stabiler Systeme in großem Maßstab widmet." Dies wird Jez Humble zugeschrieben.

Kommunizieren, kommunizieren, kommunizieren

In der Welt der Immobilien gilt das Sprichwort "Lage, Lage, Lage". Bei Data Governance geht es um Kommunikation, Kommunikation, Kommunikation. Manchmal ist es langweilige und sich wiederholende Arbeit. Wenn Sie es genauso hassen wie ich, suchen Sie sich jemanden, der eine Affinität für den Relationship-Management-Aspekt von Data Governance hat, und bitten Sie ihn oder sie um Unterstützung. Die Bedeutung dieses Aspekts darf nicht unterschätzt werden. Ohne einen orchestrierten, durchdachten und gründlichen Plan zur Kommunikation über den Wandel in der Data Governance und insbesondere über das "Warum" des Wandels wird die ganze Arbeit auf taube Ohren stoßen, die sie nicht zu schätzen wissen.

Bevor ich überhaupt daran dachte, dieses Buch zu schreiben, arbeitete ich als Director of Analytics in einem Krankenhaus. Aus Gründen, die ich nicht näher erläutern möchte, verließ ich diese Stelle Anfang 2019 und wagte den Sprung in die Selbstständigkeit. Kurz darauf wurde ich mit der Möglichkeit konfrontiert, ein weiteres Buch zu schreiben, dieses Buch. Und um ehrlich zu sein, war ich mir nicht sicher, ob ich ein weiteres Buch in mir hatte. Ich bin mir immer noch nicht sicher (und ja, ich weiß, dass dies das letzte Kapitel ist), aber die Erstellung der Inhalte für dieses Buch erforderte eine intensive Reflexion über meine Zeit im Krankenhaus, und mir wurde etwas klar. Ich hatte bei der Kommunikation auf spektakuläre Weise versagt. Das Thema, das ich immer wieder als so wichtig anspreche. Verstehen Sie mich nicht falsch, ich habe kommuniziert... am Anfang. Als ich anfing, und sogar ziemlich viel in meinem zweiten Jahr, aber danach? Fast nichts. Ich habe einen Haufen Ausreden und jede Menge Begründungen. Einiges davon mag sogar legitim sein, aber ich will ehrlich sein und zugeben, dass ich in Wahrheit von der Botschaft gelangweilt war. Ich war es leid, mich zu wiederholen. Ich war erschöpft von dem ständigen "zu viel Detail" oder "nicht genug Detail". Es war ein nicht enden wollender Kampf der Kalender und des Willens, und ich habe einfach aufgegeben. Ich konzentrierte mich auf die Dinge, von denen ich wusste, dass ich sie leicht erledigen konnte. Ich bin nicht stolz darauf. Sie hatten etwas Besseres verdient. Ich habe etwas Besseres verdient.

Ich habe in mich hineingehorcht und an den Punkt zurückgedacht, an dem ich aufgehört habe zu kommunizieren. Warum habe ich diese Entscheidungen getroffen? Mir wurde etwas klar, was viele dieser Projekte gemeinsam haben: einen Film. "Feld der Träume" wurde 1989 mit Kevin Costner in der Hauptrolle veröffentlicht. Ich bin mir ziemlich sicher, dass ich den Film nie gesehen habe, aber ich könnte ihn auch bei einem Date verschlafen haben, was durchaus denkbar ist. Die berühmteste Zeile des Films ist diejenige, die fast jeden in der Datenbranche umtreibt: "Baue es und sie werden kommen." Auch wenn es heutzutage zum gesunden Menschenverstand gehört, dass der Aufbau von Dateninitiativen eine ausgefeiltere, langfristige Strategie erfordert, verfolgt die "Wenn du es baust, kommen sie"-Kritik immer noch viele Data Warehouse-Teams. Oftmals wird diese Kritik geäußert, weil das Unternehmen nicht in das Projekt einbezogen wurde. Die einzige Möglichkeit, dies zu vermeiden, besteht darin, mit einem umfassenden und beständigen Kommunikationsplan die Verbindung zum Unternehmen aufrechtzuerhalten.

Es ist einfach, die Notwendigkeit von Veränderungen zu kommunizieren, wenn das Projekt neu ist und die Mitarbeiter begeistert sind. Es ist leicht, wenn man noch nicht Tag für Tag, Woche für Woche mit der Realität der Arbeit konfrontiert wurde. Wenn Sie Mitarbeiter führen, haben Sie auch damit zu kämpfen. Schon bald sehen Sie auf und haben seit Monaten mit niemandem außerhalb Ihres Teams gesprochen. Wenn Sie dann mit ihnen sprechen, ist Ihre Energie verschwunden, und sie merken es und sind überzeugt, dass das Projekt scheitern wird. Sie hören also auf zu kommunizieren und denken, je schneller Sie es schaffen, desto besser für alle. Und schon bald stellt sich die Erkenntnis und/oder die Realität ein, dass man das Projekt aufgebaut hat und erwartet, dass es auch genutzt wird. Wir haben einfach aufgehört. Aber die Lektion, die ich gelernt habe, ist, dass man nie aufhören darf, über den Wandel zu kommunizieren. Selbst wenn man es schon hundertmal gesagt hat, kann man nicht aufhören. Man muss es immer wieder in leicht abgewandelter Form zu denselben Leuten sagen, immer und immer wieder. Auch wenn Sie an einem durchschnittlichen Donnerstag erschöpft und niedergeschlagen sind, dürfen Sie nicht aufhören. Machen Sie einen Plan, bereiten Sie Schlüsselbotschaften vor, finden Sie andere, die Ihnen helfen können, und sorgen Sie dafür, dass keine Woche vergeht, ohne dass Sie nicht nur eine Botschaft darüber verbreiten, was Sie tun, sondern auch WARUM.

Im Anhang finden Sie einen Muster-Kommunikationsplan, der die in Kapitel vier besprochenen Maßnahmen zum Veränderungsmanagement zusammenfasst. Bei jeder Kommunikation sollten Sie sich an den ADKAR des Veränderungsmanagements orientieren und eine starke Dosis von Warum, Was, Wann, Wo, Wie und Wieviel einbauen. Um sich nicht völlig mit dem Kommunikationsteil der Arbeit zu überfordern, sollten Sie jedes Quartal genügend Nachrichten für das folgende Quartal schreiben. Sie sollten aktuelle Hinweise auf den Stand des Projekts und einen Aufruf zum Handeln enthalten, um den Lesern mitzuteilen, wie sie sich beteiligen können.

Die Technologie

Ich bezweifle, dass Sie mehr Software brauchen. In einem durchschnittlichen Unternehmen ist die Software wie Weltraumschrott geworden, der völlig nutzlos herumschwirrt. Man weiß, dass sie schlecht ist, aber man weiß nicht, was man dagegen tun soll. Ich war schon immer ein Befürworter einer abwartenden Haltung gegenüber der Technologie. Stellen Sie die richtigen Leute ein. Konzentrieren Sie sich darauf, einen effizienten Prozess zu entwickeln. Und schließlich sollten Sie sich fragen, ob Software Probleme lösen kann, die kompetente Mitarbeiter und saubere Prozesse nicht lösen können. Im

Technologiekapitel habe ich ausführlich dargelegt, wie radikal sich die Technik im Bereich Data Governance heute verändert hat. Endlich gibt es einige überzeugende Optionen, die uns den Zugriff auf alle Daten, die Abstammung und die Transparenz ermöglichen - und nicht nur auf die Daten in der Umgebung, in der Sie gerade aktiv arbeiten.

Der Ratschlag aus Kapitel vier, bei der Anschaffung von Software Vorsicht walten zu lassen, ist jedoch nach wie vor relevant. Ich habe zu viele Data Governance-Bemühungen gesehen, die mit einem Metadaten-Tool begannen, nur um dann zu scheitern, als sie feststellten, dass Metadaten ohne Geschäftskontext keinen Wert haben. Es ist so einfach, Software zu implementieren und zu behaupten, man habe etwas getan. Vergewissern Sie sich, dass die von Ihnen ausgewählten Tools den Grundsätzen von DGOps entsprechen und einen greifbaren Wert liefern, um die Nutzung des Datenbestands zu verbessern.

Realistischerweise ist die Technik das Letzte, worauf Sie sich konzentrieren werden, nachdem Sie die größeren Probleme der Menschen, Prozesse und Kultur angegangen sind. Und Sie brauchen mich nicht, um Ihnen zu sagen, wie man Software implementiert. Wenn Sie agile Methoden (genauer gesagt DGOps) verwenden, sollten Ihre agilen Teams bei Bedarf bei der Toolauswahl helfen. Erstellen Sie Definitionen und entwerfen Sie Algorithmen, und testen Sie diese dann auf transparente Nutzung aus dem Datenkatalog Ihrer Wahl. Wenn

Sie mit einem klar definierten Geschäftsproblem beginnen, die richtigen Leute an Ort und Stelle haben und agile Methoden anwenden, wird es sich anfühlen, als würden alle Teile des Puzzles an ihren Platz fallen.

Zusammenfassung von Allem

Wir sind an diesem Punkt der Data Governance angelangt, weil wir im Laufe dieser Seiten erkannt haben, dass sich die Art und Weise, wie wir Data Governance historisch definiert haben, in den letzten zwei Jahrzehnten nicht geändert hat, aber alles, was mit Daten zu tun hat, sich geändert hat. Die Demokratisierung von Daten in Ihrem Unternehmen zur Gewinnung von Erkenntnissen und zur Schaffung von Mehrwert ist entscheidend für den langfristigen Erfolg von Analysebemühungen. Doch Data Governance, insbesondere die traditionelle Methode der Data Governance, hat es nicht wirklich ermöglicht, den Zugang zu Daten zu demokratisieren. Aber genau das müssen wir erkennen: Data Governance und die Demokratisierung des Zugangs zu Daten sind zwei Seiten derselben Medaille. Als Erstes müssen wir neu definieren, was Data Governance für unser Unternehmen bedeutet: Steigerung der Nutzung, Verbesserung der Datenqualität, Data Lineage und Schutz der Datenbestände.

Unsere Führungskräfte sollten eine aktive Rolle bei der Einstufung der Bedeutung dieser vier Kategorien übernehmen, eine weitere wichtige Unterscheidung in der neuen Data Governance. Zunächst sollten Sie sich für die Demokratisierung von Daten einsetzen, denn Sie wissen, dass auf dem Weg dorthin Probleme gefunden werden müssen, und das ist nur ein Teil des Prozesses zur Verbesserung der Erkenntnisse und der Nutzung. Bei Data Governance geht es nicht mehr darum, die Nutzung von Daten zu verhindern, sondern darum, eine fruchtbare Umgebung zu schaffen, in der das gesamte Unternehmen ein hohes Maß an Vertrauen in die Daten hat.

Das greifbare Ergebnis einer verbesserten Data Governance ist eine höhere Datenqualität. Qualität muss die Aufgabe aller sein, denn wir haben zu viele Daten, als dass sie jemals von den Analyse- oder Datenteams allein verwaltet werden könnten. Wenn die zunehmende Nutzung dazu führt, dass die Menschen mehr Daten zu Gesicht bekommen, steigt auch die Wahrscheinlichkeit, dass mehr Datenprobleme ans Licht kommen. Unser neuer Data Governance-Schwerpunkt hilft uns zu verstehen, dass Sie, wenn Sie Probleme mit den Daten erkennen, die Chance haben, mehr und mehr Daten zu korrigieren. Je mehr Sie korrigieren, desto mehr Menschen werden den Daten vertrauen und sie nutzen. Sie schaffen einen Motor, in dem ein hohes Maß an Transparenz und Vertrauen herrscht, das Ihrem Unternehmen einen Mehrwert verschafft. Es ist an der Zeit, bei der Data Governance zusammenzuarbeiten, um die Qualität unserer Datenbestände zu verbessern.

Wenn sich die Mitarbeiter Ihres Unternehmens einen Bericht oder eine Analyse ansehen, sollten sie sich darüber im Klaren sein, dass sie eigentlich als Data Stewards fungieren. Wenn sie auf Probleme stoßen, ist es nicht das Ziel, der Person, dem System oder dem Prozess die Schuld zu geben, sondern vielmehr die Datenqualitätsprobleme zur Sprache zu bringen, damit sie behoben werden können. Daten sind nicht falsch, sie sind einfach nur Daten. Wenn Sie sich dafür bedanken, dass Sie Probleme in den Daten gefunden haben, ändern Sie die Interaktion zwischen den Nutzern der Daten und den Personen, die die Daten „governen", grundlegend. Wir möchten, dass Sie die Daten nutzen, denn es ist nicht möglich, diese Arbeit allein zu machen, wir müssen sie gemeinsam tun. Je mehr Sie das tun, desto schneller läuft der Motor. Wenn man Daten auf diese Weise demokratisiert, sehen die Menschen die Veränderungen, sie verstehen die Herausforderungen, und so entsteht eine datengesteuerte Kultur.

Ich glaube, dass die Arbeit, die wir im Bereich der Daten machen, wie ein Roadtrip ist. Es geht um die Reise und alles, was wir auf ihr lernen, nicht um das Ziel. Es gibt kein Ende der Data Governance und der damit verbundenen Herausforderungen, aber es steht zu viel auf dem Spiel, um es nicht zu versuchen - also versuchen Sie es einfach. Wenn Daten in Ihrem Unternehmen als wertvoll angesehen werden, aber immer noch viel Angst vor ihrer Nutzung besteht, versuchen Sie es einfach. Wenn Ihre Data Governance-Bemühungen nicht zu effektiven Prozessen geführt haben, versuchen Sie es einfach. Wenn es sich so anfühlt, als ob Sie sich in einer endlos wiederholenden Schleife befinden, versuchen Sie es einfach. Wenn Sie es versuchen und Ihnen die Art und Weise, wie MDG oder DGOps funktioniert, letztendlich nicht gefällt, haben Sie zumindest etwas gelernt, das Ihre nächsten Bemühungen verbessern wird. Schließlich ist das alles, was wir uns erhoffen können: unsere Organisationen besser zu verlassen, als wir sie vorgefunden haben.

Marketing- und Kommunikationsplan

[Unternehmensname hier]

[Adresse 1]

[Adresse 2]

[Telefonnummer]

[Unternehmenswebsite]

Änderungshistorie

Version	Autor	Datum

Unternehmensmission:

[Unternehmensmission hier einfügen]

Programmzielsetzung:

[Zielsetzung hier einfügen]

Zielgruppe

Kommunikationsplan

Kommunikationstyp	Zielgruppe	Zeitplan

Wettbewerbslandschaft

Marketing-Ziele

Was ist das Ziel von den Marketingaktivitäten?

Die Ziele der Marketingaktivitäten sind

- [Ziel 1]
- [Ziel 2]
- [Ziel 3]

Beispielsaktivitäten…

Aktivität	Ziel	Zeitplan	Erfolgs-metriken
Buchclub	Allen Beteiligten den Auftrag und die Vision der Analytics nahe bringen	Vierteljährlich	Moderate Beteiligung
Analytics Awards	Allen Beteiligten den Auftrag und die Vision der Analytics nahe bringen	Jährlich	Mindestens 8 Einreichungen
Monatliches Update	Status-Updates zum Aufbau des Analyticsprogramms teilen	Monatlich	5 Teilnehmer oder mehr
Newsletter	Teilen Sie allen Beteiligten den Auftrag und die Vision des Analyticsprogramms mit. Erfolge und Updates teilen	Zwei-Monatlich	Link Mindes-tens 8 Mal aufgerufen
Vortragsreihe	Allen Beteiligten den Auftrag und die Vision der Analytics nahe bringen	Zwei-Monatlich	Moderate Beteiligung
Tag der offenen Tür	Austausch von Updates und Erfolgen des Analyseprogramms	Zwischen den Projektphasen	Moderate Beteiligung

Analytics Vision & Missionen

Mission Statement:

Vision Statement:

Das Was und Wie der Tests

Wo	Integration Layer	Staging Area	Data Repository	Analytic Sandbox
Was testen Sie?				
Arten von Tests	Vollständigkeit* d.h. Anzahl der Zeilen Konformität Formatprüfungen	Konsistenz Konformität Exaktheit* Integrität Rechtzeitigkeit	Vollständigkeit* Konsistenz Konformität Exaktheit* Integrität Rechtzeitigkeit Kontext	Integrität Rechtzeitigkeit Fit-for-Purpose
Wie testet man das?				
Aufbau	Unit Funktional (Regression)	Unit Funktional (Regression)	Unit Funktional (Regression)	Funktional (Regression)
Automatisierung	Integration Funktional	Integration Funktional	Integration Funktional	Funktional

Wo	Integration Layer	Staging Area	Data Repository	Analytic Sandbox
Überwachung	Performance	Performance	Performance	Performance
	Funktional	Funkional	Funktional	
	Konformität	-Konformität	-Konformität	
	Vollständigkeit	-Konsistenz	-Konsistenz	
		-Exaktheit	-Genauigkeit	
		-Integrität	-Integrität	
		-	-	
		Rechtzeitigkeit	Rechtzeitigkeit	
			- Kontext	

Literaturempfehlungen

Dies ist eine ausgewählte Liste von Büchern, die mir während der Recherche für dieses Buch empfohlen wurden. Einige haben offensichtlich einen Bezug zum Thema Data Governance, Agilität oder IT, andere sind einfach nur lesenswert.

Sinek, Simon. *Start with why: how great leaders get everyone on the same page.* Penguin Group, 2009. Gedruckt.

McKeown, Les. *Predictable Success: getting your organization on the growth track and keeping it there.* Greenleaf Book Group, LLC. 2010. Gedruckt.

Olson, Jack. *Data Quality: the accuracy dimension.* Morgan Kaufman. 2003. Gedruckt.

Dyche, Jill. *The New IT: How Technology Leaders are Enabling Business Strategy in the Digital Age.* McGraw-Hill Education, 2015. Gedruckt.

Sebastian-Coleman, Laura. *Measuring Data Quality for Ongoing Improvement: A Data Quality Assessment Framework.* Morgan Kaufman. 2013. Gedruckt.

Kim, Gene; Humble, Jez; Debois, Patrick; Willis, John. *The DevOps Handbook: How to Create World-Class Agility, Reliability, and Security in Technology Organizations.* IT Revolution Press, 2016. Gedruckt.

Humble, Jez; Molesky, Joanne; O'Reilly, Barry. *The Lean Enterprise: How High Performance Organizations Scale.* O'Reilly Media, 2014.

Kim, Gene; Behr, Kevin; Spafford, George. *The Phoenix Project: A Novel about IT, DevOps, and Helping Your Business Win.* IT Revolution Press, 2018.

Lencioni, Patrick. *Overcoming the Five Dysfunctions of a Team: A Field Guide for Leaders, Managers, and Facilitators.* Jossey-Bass, 2005. Gedruckt.

Keller, Gary; Papasan, Jay. *The ONE Thing: The Surprisingly Simple Truth Behind Extraordinary Results.* Bard Press, 2013. Gedruckt.

Nason, Rick. *It's Not Complicated: The Art and Science of Complexity in Business.* Rotman-UTP Publishing, 2017. Gedruckt.

Seiner, Robert. *Non-Invasive Data Governance: The Path of Least Resistance and Greatest Success.* Technics Publications, 2014. Gedruckt.

Literaturverzeichnis

Kapitel 1

Sinek, Simon. *Start with why: how great leaders get everyone on the same page*. Penguin Group, 2009. Gedruckt.

Kapitel 2

Stewardship. 2019. In *Merriam-Webster.com* abgerufen am January 11, 2019, from https://bit.ly/2lAfNdc.

"DataOps Manifesto" (August 12, 2019) abgerufen von https://www.dataopsmanifesto.org/.

Kapitel 3

Merrill, Douglas (2011, February 01). *And now for something completely different: context shifting*. Aufgerufen von https://bit.ly/2zuzgzV.

Kapitel 4

Harmonized Data Quality Terminology and Framework, (2016) Kahn, et al eGEMS.

Underwood, Jen. (2017, August 30). *Why you need a data catalog and how to select one.* Aufgerufen von https://bit.ly/2jX4njn.

Schulze, Elizabeth. (2019, March 6). *40% of A.I. start-ups in Europe have almost nothing to do with A.I., research finds.* Aufgerufen von https://cnb.cx/2TqDioH.

Kapitel 5

What is organizational culture? n.d. Aufgerufen von https://bit.ly/2KUq4Kr.

Diaz, Alejandro, Rowshankish, Kayvaun, Saleh, Tamim. (2018, September) McKinsey Quarterly. *Why Data Culture Matters.* Aufgerufen von https://mck.co/2wPN72R.

Stewart, Thomas A. (1994, February 7). *Rate your readiness to change.* Aufgerufen von https://cnn.it/2jUZqaM.

Babich, Nick. (2018, February 9). *Ten tips to develop better empathy maps* Aufgerufen von https://adobe.ly/2Umc4Qe.

What is the ADKAR Model? n.d. Aufgerufen von https://bit.ly/1qKvLyJ.

Why Change Management? n.d. Aufgerufen von https://bit.ly/2PTdAUy.

Nason, Rick. *It's Not Complicated: The Art and Science of Complexity in Business*. Rotman-UTP Publishing, 2017. Gedruckt.

Kapitel 6

Olson, Jack. *Data Quality: The Accuracy Dimension*. 2003. Morgan Kaufman.

Six dimensions of EHDI Data Quality Assessment. n.d. Aufgerufen von https://bit.ly/2UfxSut.

Quantifying the Effect of Data Quality on the Validity of an eMeasure Johnson et al. Appl Clin Inform 2017;8:1012–1021.

Kapitel 7

Mueller, Ernest (2019, January 12). *What is DevOps?* Aufgerufen von https://bit.ly/2aL34PV.